マーケティング講義ノート

MARKETING LECTURE NOTE

滋野英憲
辻　幸恵
松田　優
[著]

東京　白桃書房　神田

まえがき

　マーケティング論はもともとアメリカからやってきた学問だと言われていますが，その根底にある「商い」の方法はあらゆる国や時代に欠かせないものでした。しかし，新しいツールができれば，新しい販売方法が生まれ，社会が変化すれば消費者の価値観も変わります。「不易流行」をふまえて今を解明できるのがマーケティングの面白さです。

　さて，その面白さを学生たちに気づいてもらいたいという思いから，講義に使用でき，そしてなおかつ現在進行形の課題にも対応した新しい本を作りたいと考えました。そのため，本書は前半が第1部基礎編，後半が第2部実務編となっています。講義に使用することを念頭に置いたので，第1部の基礎編では各章末にQuestionを付しました。しかし，実務編では広く新しいマーケティングとその課題にも着目したので，QuestionではなくColumnを付しています。

　基礎編では，マーケティングの基本事項を6つの章で解説しています。第1章はマーケティングの歴史や領域を示し，第2章は製品政策としてマーケットの意味や製品の意味を説明し，製品が取引される環境の変化や高齢化社会をふまえた市場セグメントにも言及しています。第3章は価格政策として，価格弾力性と価格感応度などを説明し，消費者が価格に感じる利得と損失の感情を明確にし，また，製品の価格設定の方式にもふれています。第4章はマーケティング・コミュニケーション政策として，消費者とのコミュニケーションの効果的な実践方法・手順を説明しており，また，コミュニケーションに影響する諸要因を挙げて，戦略との結びつきや広告効果について言及しました。第5章は身近な例を挙げながら，流通政策として小売業の役割とチャネルの分類を説明し，さらに，卸売業の役割・存在根拠を明確にし，ダイレクトマーケティングを挙げて新しい流通政策の仕組みを示しています。

　実践編では，マーケティングの実践・応用的な事項を10章で解説しています。第6章は，医療に着目し，そのサービスや制度・施設の現状を解説。高齢化社会の日本において消費者の医療サービスに対する満足だけではなく，インターナル（医療サービス機関で働く人々）の満足にも言及しています。第7章

と第8章は，地域に着目しました。第7章では地域マーケティングの背景や必要性を示し，具体例として都市ブランドへの取り組みを挙げています。第8章は，地域のブランド化について述べ，企業のブランド戦略から学ぶべきポイントを示し，地域ブランド化の基本的な戦略と成功要因について述べています。第9章では，ブランド・エクィティについて述べ，ブランド認知と選択について考察。第10章では，ファッション産業の構造の特徴を示すとともに，消費者心理を支えるファッション理論を紹介しています。第11章では，地域との結びつきが強いゆるキャラを示し，それらの商品を購入する消費者の調査結果を示しています。第12章ではアートに着目し，マーケットの背景や現状について述べ，インターネットの台頭による影響，アート教育の実例とマネジメントを例示。第13章は，インターネットビジネスの特徴とインターネットを活用した商品販売，そしてTwitterの活用を説明し，さらに，インターネットを通じての顧客との関係にも言及しています。第14章は，ニッチ市場を取り上げ，ここでは，ハンドメイド市場を例に，ニッチを求める消費者心理を明らかにした。第15章はソーシャル・マーケティングについて述べています。ここでは，事例としてフェアトレード商品とエシカル商品を挙げ説明しています。

　最後に本書の出版に尽力してくださった，白桃書房の大矢玲子氏，平千枝子氏にこの場を借りて心からお礼を申し上げます。特に大矢氏には多くのアドバイス，提案をいただき，より深みのある内容になったと心から感謝しています。

2018年3月

辻　幸恵

目　次

まえがき

第1部　基礎編

第1章　マーケティング ——— 002

- 第1節　マーケティングの歴史　002
- 第2節　マーケティングの定義　005
- 第3節　マーケティング・コンセプト　007
  - 3-1　今までのマーケティング・コンセプト　007
  - 3-2　新しいコンセプトの考え　008
- 第4節　マーケティング領域の拡大と発展　009
- Question1　012

第2章　製品政策 ——— 013

- 第1節　製品の交換が生じる市場とは　013
- 第2節　マーケティングにおける製品の意味とは　014
- 第3節　製品が取引される市場環境の変化とマーケティング活動　016
  - 3-1　製品ライフサイクルの視点による市場理解　016
  - 3-2　市場競争に必要な製品政策　018
- 第4節　導入期で市場成長が期待される新領域　020
  - 4-1　サイバーセキュリティ産業の市場規模と成長可能性　020
  - 4-2　障害を持つ高齢者向けファッション市場　022
- 第5節　成熟市場における成長製品開発　024
  - 5-1　成熟市場の特徴　024
  - 5-2　コーヒー市場の成熟化とその変化　024
  - 5-3　成熟市場で劇的な伸び率を上げた成長製品開発　026
- Question2　029

第 3 章　価格政策 ─────────────── 030

第 1 節　**価格とは**　030
第 2 節　**価格政策の考え方**　031
第 3 節　**マーケティングの機能要素としての価格**　031
第 4 節　**消費者の需要の価格弾力性と価格感応度**　032
 4-1　価格の変動に左右される消費者の購入意思決定　032
 4-2　消費者の購買意思決定に影響する価格の変動表示　034
第 5 節　**消費者が価格に感じる利得と損失の感情**　035
第 6 節　**新製品の価格政策**　036
 6-1　初期高価格政策　036
 6-2　初期低価格政策　037
 6-3　差別化価格　037
第 7 節　**価格設定の方式について**　038
 7-1　企業の立場を中心とした価格設定の方式　038
 7-2　消費者の視点から価格設定をする方式　039
 7-3　企業間取引などの影響を受けて決まる価格設定　039
 Question3　042

第 4 章　マーケティング・コミュニケーション政策 ─────── 043

第 1 節　**販売促進からマーケティング・コミュニケーションへ**　043
 1-1　マーケティング・コミュニケーションの構成要素　044
 1-2　マーケティング・コミュニケーションの効果的な実践　045
第 2 節　**マーケティング・コミュニケーションの**
　　　　目標・予算策定と影響する諸要因　046
 2-1　マーケティング・コミュニケーションの手順　046
 2-2　日本企業の広告費　047
 2-3　マーケティング・コミュニケーションに影響する諸要因　049
第 3 節　**マーケティング・コミュニケーション戦略**　052
 3-1　プル型戦略の機能とその効果　052

3-2　プッシュ型戦略の機能と効果　055
第 4 節　インターネット広告の現状　056
第 5 節　広告効果の評価と測定　057
　　5-1　広告効果の評価法　057
　　5-2　広告効果の測定　058
Question4　060

第 5 章　流通政策 ———————————— 061

第 1 節　日本の流通機構　061
第 2 節　卸売業の定義と役割　062
　　2-1　卸売業の定義　062
　　2-2　中間流通業としての卸売業の存在根拠　063
第 3 節　小売業の役割と業態の分類　065
第 4 節　効果・効率的経営を遂行するコンビニエンスストア　067
　　4-1　コンビニエンスストアのこだわり　067
　　4-2　コンビニエンスストアのこだわりを支える物流体制　069
第 5 節　ダイレクトマーケティング　071
第 6 節　流通政策の新たな仕組み　072
Question5　073

第 2 部　実務編

第 6 章　医療マーケティング ———————————— 076

第 1 節　医療サービスの特性　076
　　1-1　医療サービスとは　076
　　1-2　医療サービス利用の特殊性　076
　　1-3　医療消費者の医療サービス選択環境　077
　　1-4　医療保険制度の現状　077
第 2 節　医療機関の現状　079

  2-1 医療施設数の推移 079
  2-2 医療機関の競争環境 080
 第 3 節 **医療消費者の医療機関の選択** 080
  3-1 医療消費者の医療機関の選択理由 080
  3-2 医療消費者が活用する情報源 081
 第 4 節 **医療消費者の医療サービス満足** 083
  4-1 医療消費者の満足構造 083
  4-2 医療消費者中心の医療サービス 084
 第 5 節 **医療マーケティングの展開方向** 084
  5-1 医療機関のエクスターナル・マーケティング 084
  5-2 医療機関のインターナル・マーケティング 085
  5-3 医療機関の連携 086
  5-4 セカンド・オピニオンへの積極的対応の必要性 086
 Column. 患者を中心とするケアカンファレンス 088

第 7 章　地域マーケティング①　089

 第 1 節 **地域マーケティング必要性の背景とその定義** 089
 第 2 節 **都市ブランド戦略の展開** 090
  2-1 都市ブランドの立ち上げ 090
  2-2 ２つの体制とその注意点 090
  2-3 地域ブランド創造後の課題 092
 第 3 節 **地域マーケティングの展開事例** 093
  ―兵庫県伊丹市の地域マーケティング―
  3-1 伊丹市の歴史 093
  3-2 伊丹市の都市ブランドへの取り組み 094
 第 4 節 **地域マーケティング推進における問題** 099
 Column. 地域独自の魅力度向上を考えてみよう 101

第 8 章　地域マーケティング②　102

 第 1 節 **地域のブランド化が注目される背景** 102

- 1-1　地域活性化のための地域ブランド　102
- 1-2　世界の都市ブランドとその背景　103

第 2 節　地域のブランド化の必要性　104

第 3 節　企業のブランド戦略から学ぶべきポイントとは　105
- 3-1　企業のブランド戦略の変遷　106
- 3-2　地域ブランド化への援用　108

第 4 節　地域ブランド化の基本的な考え方　110

第 5 節　地域ブランド化戦略のプロセスと成功要因　111
- 5-1　地域ブランド戦略のスタート・アップの前提条件　111
- 5-2　地域ブランド化の継続の仕組みづくり　112

第 6 節　塩尻市のブランド・コミュニケーショーン戦略　114
- 6-1　「塩尻ブランド」外部コミュニケーション戦略　115
- 6-2　「塩尻ブランド」の内部コミュニケーション戦略　115

第 7 節　地域ブランド化の今後の課題　116
- 7-1　地域活性化に向けてのブランド化戦略が目指すべきもの　116
- 7-2　地域への誇りが生みだす活性化　117

Column. 地方都市の活性化に必要なのは資金的支援か？　119

第 9 章　ブランド・マーケティング ───── 120

第 1 節　定義とブランド研究のはじまり　120

第 2 節　ブランドの認知と選択　123

第 3 節　ブランド認知のための情報源　125

第 4 節　現在の若者のブランド観　126
- 4-1　認知しているブランド　126
- 4-2　ブランドへ対するイメージ　127
- 4-3　従来のブランド観との違い　128

第 5 節　2 つのブランド・マーケティングと今後の課題　130

Column. コピー商品，偽ブランド　132

第10章　ファッション・マーケティング ───── 133

- 第1節　定義と背景　133
- 第2節　ファッション・マーケティングの特徴　135
  - 2-1　ファッション産業の構造　135
  - 2-2　ファッション・マーケティングの特徴　136
- 第3節　ファッションに対する消費者心理　138
- 第4節　ファッション・マーケティングの課題　140
  - 4-1　時間に対する課題　140
  - 4-2　意識に対する課題　141
  - 4-3　対象に対する課題　141
  - 4-4　産業としての課題　142
- Column. 流行の運命　144

第11章　キャラクター・マーケティング ───── 145

- 第1節　キャラクターとは　145
  - 1-1　キャラクターの定義　145
  - 1-2　キャラクターの背景　146
- 第2節　キャラクターを使用した商品のイメージ　147
  　　　　―ゆるキャラについて―
  - 2-1　調査概要　147
  - 2-2　結果と考察　147
- 第3節　ゆるキャラの商品を購入する消費者　148
  - 3-1　調査概要　148
  - 3-2　品目に着目した結果　149
  - 3-3　品目からの考察　151
  - 3-4　対象者に着目した結果　152
  - 3-5　対象者からの考察　153
  - 3-6　対象者間の相違　154
- Column. キャラクターの不思議　157

第12章　アート・マーケティング ———————— 158

- 第1節　**定義と背景**　158
- 第2節　**アートの現場における現状と課題**　159
- 第3節　**インターネットの台頭によるマーケティング革命**　160
- 第4節　**マーケティングと教育**　161
  - 4-1　芸術供給者・アーティストへの教育啓蒙　161
  - 4-2　芸術需要者への公益としてのアート・マーケティング　161
- 第5節　**文化イベント実施概要と考察**　163
  - 5-1　港で出合う芸術祭　神戸ビエンナーレ　164
  - 5-2　野外アートフェスティバルinにしのみや　165
- 第6節　**今後の課題とまとめ**　167
- Column. 舞台芸術から見たまちづくり　169

第13章　WEBマーケティング ———————— 170

- 第1節　**インターネットを活用した新しい展開**　170
  - 1-1　インターネットとWebマーケティング　170
  - 1-2　インターネットビジネスとは　171
  - 1-3　インターネットの普及による影響　172
- 第2節　**インターネットを利用した商品販売**　174
  - 2-1　従来の常識からの発想を崩す新しいサービス　174
  - 2-2　インターネットを使用したビジネスの特徴　175
- 第3節　**Twitterの活用とマーケティング**　177
  - 3-1　活用の広がりと注意点　177
  - 3-2　マーケティング活用　178
  - 3-3　顧客との関係　179
- Column. 決済の電子化　182

第14章　ニッチ市場へのアプローチ ———————— 183

- 第1節　**定義と背景**　183

第 2 節　ニッチ市場の具体例　184
　　　　　―ハンドメイド市場―
　　2-1　ハンドメイドブーム　184
　　2-2　ハンドメイド市場　185
第 3 節　リユース市場　186
　　　　　―古着市場―
第 4 節　ニッチを求める消費者心理　187
　　4-1　ニッチなモノを求める心理　187
　　4-2　ニッチなコトを求める心理　188
第 5 節　こだわりとニッチ戦略　190
Column. ニッチ市場からの広がり　192

第15章　ソーシャル・マーケティング　193

第 1 節　ソーシャル・マーケティングとは　193
　　1-1　定義と背景　193
　　1-2　従来の考え方からの変化　194
第 2 節　マーケティングの定義の変化と新しい商品価値　195
　　2-1　マーケティングの定義の変化　195
　　2-2　新しい商品価値を有する商品の例：フェアトレード商品　196
第 3 節　エシカル・マーケティング　198
　　3-1　エシカルの定義と背景　198
　　3-2　エシカル商品の具体例　199
第 4 節　ソーシャル・ネットワーキングの活用　200
Column. フェアトレード　202

第1部 基礎編

第1章

マーケティング

第1節 マーケティングの歴史

　「マーケティング」という言葉を初めて本書にて目にする人もいるかもしれない。また，すでにどこかで見聞きしたことがある人も多くいるだろう。最近の書店には，マンガで描かれているマーケティングの入門書も販売されているので，より身近に感じられる言葉かもしれない。

　しかし，マーケティングの本質を理解し組織や個人の行動に有効に活用できている人は，極めて少ないように思われる。本章では，マーケティングの起源から現代のマーケティングに共通する考え方や変遷してきたとらえ方を知り，マーケティングの本質とは何か，マーケティングのとらえ方が時代背景に応じて変化し，時代に合ったマーケティング活動の展開を有効にするための組織や個人のあり方を考える機会を提供したいと考えている。まず，マーケティングの起源の話から始めよう。

　ロバート・バーテルズ（Robert Bartels）は，彼の著書『マーケティング学説の発展』の中で，マーケティングという言葉が名詞として初めて使用されたのは，1905年にオハイオ州立大学のビジネスコースの名称としてであったと述べている。この当時のアメリカは，五大湖周辺のミシガン州，ウィスコンシン州，シカゴ州，オハイオ州などに自動車産業が集積し経済的な発展を牽引していた時期でもあった（現在では，ラストベルト地帯：錆びた地帯と呼ばれて

注：発祥地域を○印で示す。
出所：筆者作成

[**図 1-1**]　マーケティング発祥の地域

いる)。

　この当時のマーケティングでは，製造業者が大量生産した製品を効率的に販売する仕組みづくりに重点がおかれていた。この時代のマーケティングは，生産志向のマーケティングと呼ばれている。当時のアメリカは，アセンブリーライン（組み立ての流れ作業）やフォーディズム（1908年発売のT型フォード車を始めとするベルトコンベアによる作業効率化）といった，大量生産システムの確立による供給過剰な市場が形成され，販売拡大の必要性が問われていた時期と符合する。

　このフォード社は，消費者の所得向上に伴う消費者ニーズの変化に気づかず同一のスタイルの車種を，低価格で市場に提供することにこだわり続けた結果，GM社が所得階層別に車種を提供した戦略によって顧客層を奪われることになった。高価格な自動車を低価格で普及させるフォード社の最初の試みは消費者のニーズに合致し巨大な市場を国内外に創造したが，市場のニーズは絶え

T型フォード車（1908年製造開始）　　A型フォード車（1927年製造開始）
提供：トヨタ博物館

[**図1-2**] フォード車のモデルチェンジ

ず変化することを見落としたフォード社の失敗であった。T型フォードのスタイルが20年近くほとんど変化していない実態は，図1-2を参照してほしい。

　このようなことは，現在の成功体験企業にも数多く見られる現象であり成功体験から抜け切れず市場変化の対応に遅れ衰退していく企業は多いのである。

　一方，1908年に設立されたGM社のアルフレッド・スローン（Alfred Sloan，1923年に社長となる）は，品質と価格による段階的車種の製造によるフルライン戦略，計画的モデルチェンジ，車種別販売システムの形成（ディーラーシステム），割賦販売方式の導入により，1927年に自動車市場の第1位の座に着く。すなわち，マーケティングは大量生産される製品の効率的な販売管理手法として誕生しているものと考えられる。

　また，マーケティング活動の起源は，ピーター・ドラッカー（Peter Drucker）によれば17世紀（1650年）に日本で初めて百貨店と呼ぶべきものを江戸に開いた三井家の事業活動方針に認められるとされる。ドラッカーは，シアーズ[i]にさきんずること250年，顧客のための購買者となり，顧客の為に製品をつくり，その製品のための資源を開発したと述べている。顧客が返品したければ理由を聞かずに現金を返却する。1つの技能や製品区分，製造過程にこだわらず顧客に広範な製品を提供しようという考え方が存在した。

　このようにマーケティング活動自体は，言葉が生まれる250年前に認められ

ていたとの見解は存在するものの、マーケティングという言葉が日本に初めて導入されたのは、1955年のアメリカ第一次トップマネージメント視察団の団長であった経団連（現在：日本経済団体連合会）[ii]第2代会長の石坂泰三（当時：東京芝浦電気会長）の帰国後のインタビューによるものとされている。

　当時の日本は高度経済成長へのさきがけの時期にあたり、需要が供給を上回り、各企業にとって効率的な大量生産システムの構築が最大の関心事であった。そのため、言葉として一時的に流行したものの、本来の意味を理解し企業の経営思想として活用されるまでには、その後数十年の歳月を要することとなる。高度経済成長が終焉し、安定的低経済成長の時代を迎え、飽和する市場環境を前に新たな市場需要を創造しその需要への適切な対応行動を企業の活動方針とすることの重要性に目覚めた経営者たちから、マーケティングが再び注目されるようになった。今日ではマーケティングが顧客志向にもとづく企業活動の理念と実践であることが理解され、厳しい競争環境のもとで企業が存続・成長するための必要十分条件として認識されている。このように、マーケティングは市場状況の変化とともにその意味合いを徐々に変容させ、その機能と役割を果たしている。

　フィリップ・コトラー（Philip Kotler）の著書では、マーケティングの視点は、新たな顧客の創造から従来の顧客の維持と顧客の深化（顧客からパートナーさらに株主への進化）へと移行していることが指摘されている。

第2節 マーケティングの定義

　マーケティングの定義の歴史的変遷はAMA（American Marketing Association）の定義に由来する。これまでに、市場の変化に対応する企業活動を適切に表現することを目的として5回定義の変更が行われている。最も新しい定義は、2004年からわずか3年で変更された2007年の定義である。なぜ、こんなに短期間に変更されたのかを考えてみよう。

　また、これまでの定義の変更の足跡をたどると、マーケティングの主軸が製品を中心とする流通から販売、販売から顧客、製品やサービスを継続的に利用する顧客、直接交換関係のないステークホルダー（利害関係者）[iii]をも含むよ

り広範な対象へと拡張していることがわかる。

これまで提示されてきた定義を俯瞰し，大きなマーケティングの流れを理解しよう。

> 「マーケティングとは生産拠点から消費地点に至る商品およびサービスの流れに携わる諸事業活動である。」(1935年)
> ⇓
> 「マーケティングとは，生産者から消費者あるいは利用者に，商品およびサービスの流れを方向づける種々の企業活動の遂行である。」(1960年)
> ⇓
> 「マーケティングとは，個人および組織の目標を達成する交換を創造するため，アイディア，財，サービスの概念形成，価格，プロモーション，流通を計画・実行する過程である。」(1985年)
> ⇓
> 「マーケティングとは，組織とステークホルダー（関与者）両者にとって有益となるよう，顧客に向けて「価値」を創造・伝達・提供したり，顧客との関係性を構築したりするための，組織的な働きとその一連の過程である。」(翻訳：鶴本氏)(2004年)
> ⇓
> 「マーケティングとは，顧客，依頼人，パートナー，社会全体にとって価値のある提供物を創造・伝達・配達・交換するための活動であり，一連の制度，そしてプロセスである。」(翻訳：折笠氏)(2007年)

　AMAの定義以外にも日本マーケティング協会が独自の定義を提示している。AMAの2007年の定義と比較すると活動対象となる顧客に対する具体的な対応に言及せず，相互理解と公正な競争に力点がおかれた定義となっていることがわかる。定義としては，抽象度が高く，幅広い組織の活動に対応する形態ではあるが，マーケティングの本質が何かが伝わりにくい定義であるとも言えよう。

> 日本マーケティング協会の定義（1990年）
> 「マーケティングとは，企業および他の組織がグローバルな視野にたち，顧客との相互理解を得ながら，公正な競争を通じて行うための総合的活動である。」

筆者はここで，マーケティングを企業活動に限定してとらえ，それは売れ続ける仕組みを創造するとともに社会的により良い評価を受け続ける組織を創造するための行動だと考えている。つまり，マーケティングとは，企業が社会のより多くの人々から支持される製品・サービスを創造し，それらを通して得られる利潤を適正に社会に還元していく仕組みを持つ組織であり続けるための，総合的な市場対応行動であるということにほかならないのである。

第3節 マーケティング・コンセプト

3-1　今までのマーケティング・コンセプト

　マーケティングを実践するための考え方として，マーケティングの定義の変更に見られたように，市場に適応すべき企業活動として重視すべきポイントが生産志向から社会志向マーケティングまでどのように変化してきたのかについても合わせて理解しておこう。

- 生産志向（seeds oriented）では，消費者は広域で入手可能な低価格の製品を選好するため，より高い生産効率と広範囲への製品の流通に重点がおかれる。
- 製品志向（product oriented）では，消費者は最も高品質で使用価値が高く，革新的特性を備えた製品を好む。そのため，優れた製品の開発や改善へ重点がおかれる。
- 販売志向（sales oriented）とは，消費者を放置した場合，たいていの消費者は十分な製品を購買できておらず，そのため，積極的な販売と販促活動が重要とする考え方。
- 顧客志向（customer oriented）とは，顧客のニーズやウォンツ[iv]を探索し，顧客の満足を高めることに主眼をおいている考え方。
- 社会志向マーケティング（social oriented marketing）とは，顧客の満足のみならず，生活者への環境負荷を低減することを重視する考え方。

3-2　新しいコンセプトの考え

　日本で，ソーシャル・マーケティングの考え方を提唱し，従来のマーケティングの転換の必要性を論じたのは，三上富三郎（1982）が初めてである。

　また，1992年に英国のケン・ピーティー（Ken Peattie）が「グリーン・マーケティング」を提唱し「企業が顧客と社会の要求に応えながら利益をあげ，かつ持続可能な方法で予測し，充足させることに責任を持つホリスティックなマネジメント・プロセス」と定義したことから，グリーン・マーケティングとも言われるようになる。

　エコロジーとエコノミーを両立させる新しいマーケティング手法として地球環境負荷の低減と利益の追求の両立を目指すマーケティングの実現が求められるようになった。これは，商品・サービスの企画，開発，生産，物流，販売から，リサイクル，広報までの活動を通じ，全プロセスで環境負荷を最小にする企業活動を実践することを意味している。この考え方は，顧客満足の追求という点では従来のマーケティングと同じであるが，顧客対応という技術，経済的市場の視点だけではなく，循環型社会に対応するという環境的アプローチとのバランスを図ること，包括的な視点で共生を図ることを重視している点に特徴がある。

　ようするに，21世紀に最も重要なマーケティング・コンセプトはステークホルダーの利益を重視するだけではなく，地球環境の生態系と人間社会との均衡と共生，調和をはかることだと考えられている。

　また，消費者のニーズに目を向けてみると，ブランド品などを身につけることで自己顕示欲を満たすことよりも，近年は，行動・経験・体験をすることによって豊かな人生にしたいという自己実現的な考え方に変化してきている。つまり，人々の消費の重点は，製品やサービスの機能的価値やブランド品などの記号的価値へ対するモノ消費から，行動・経験・体験型の価値に対するコト消費へと移ってきているのだ。

　たとえば，自己実現を図るためのコト消費として，自己顕示性ニーズや共有体験ニーズを満たすイベントへの参加やイベントへのネット参加による意見表明など，コト消費の場面においてもより能動的な消費者ニーズが認められる。

イベントの例として，ハロウィンやコスプレ大会，カラーランなどが挙げられるが，これらは衣装への消費だけではなく，パーティー開催，大会への参加費用，会場までの移動費用など様々な新しい消費を引き出しており，近年顕著にそのマーケット規模は拡大の傾向にある。

そして，モノとコトを同時に求める消費として，スターバックスの利用者の拡大が挙げられよう。それは，スターバックスが，オープンカフェの併設など店舗設計からおしゃれな空間の演出に力を入れており，さらに，パソコンなどを持ち込んだり，本を読んだりと自由な時間をゆったりと過ごせるような店内環境を整えているからである。その居心地の良さや，おしゃれな空間を求めて来る消費者がドリンクを購入するので，スターバックスはモノ・コト消費が同時に行われる空間となっている。

以上のような，消費者の能動的で自己実現的なニーズを満たす，モノ・コト消費を創造することも今後は求められよう。

第4節　マーケティング領域の拡大と発展

マーケティングの対象領域が個々の製品やサービスの市場変化への適応活動と考えられていた時代から，組織全体の行動規範を市場中心に転換し，グローバルでダイナミックな対応が要求される時代となり，マーケティングは組織全体の経営戦略や戦略ドメインを決定する重要な役割と機能を果たしている。

マーケティングの対象領域の広がりの変化を組織内の機能と戦略の視点から見てみると次のようにまとめられる。

◆ **マーケティング機能要素戦略**

製品政策（Product policy），価格政策（Price policy），販売促進政策（Promotion Policy），流通政策（Place Policy）がそれぞれ個別に最適化を目指す形態でのマーケティング活動のこと。マーケティング活動を分析する視点として，それぞれの機能の頭文字をまとめて，マーケティングの4Psと呼ばれ現在も分析の視点として重要なとらえ方とされている。コトラーは，4Psの表現をより市場からの発想が必要として以下のような4Csと表現することが望ましいと提言している。

- 顧客価値（Product → Customer value）
- 顧客負担（Price → Customer cost）
- コミュニケーション（Promotion → Communication）
- 利便性（Place → Convenience）

◆マーケティング・マネジメント戦略

　市場目標の設定，市場ターゲットの明確化，マーケティング・ミックス政策の策定が中心課題とされる。これらの決定事項に応じたマーケティング活動が展開される。

◆戦略的マーケティング

　環境，市場戦略，経営資源，組織を企業のミッションに従って，全社的なものとしてマーケティング活動を展開する。

◆関係性のマーケティング（**CRM: Customer Relationship Marketing**）

　ステークホルダーとの関係性を重視するマーケティング。ICT（Information Communication Technology）の進展によるネットワーク構築によるマーケティング活動が展開される。具体的には，市場での顧客との交換関係を長期的に継続する仕組み（個人情報を活用した会員制やポイント制により差別化した付加価値の提供など）を創造して展開されるマーケティング活動のこと。

　ここまで，マーケティングの歴史的な背景と変遷，現在のマーケティングのとらえ方について，大まかに理解してくれたと思う。第2章から第5章までは，マーケティングの基礎編としてマーケティング活動の考え方ととらえ方について具体的な事例を交えて学んでほしい。また，第6章以降は，マーケティングの応用編としてマーケティングの考え方が適用されている様々な領域における実践的な事例を通して，マーケティングへの理解をより深めてほしいと願っている。さらに，マーケティングを深く学びたい人は，各章に設けられている参考文献にあたってほしい。より実りある学びになることを期待している。

注

i シアーズ・ローバックは1893年にイリノイ州シカゴに設立された企業で，アメリカの地理的環境と交通機関の未整備状況を考慮し，遠方に住む顧客のニーズも満たせるようカタログによる，通信販売を大々的に行い顧客志向のマーケティングを実践していた。2005年にKマートと合併し，株式会社シアーズ・ホールディングス傘下の事業会社・店舗となっていたが，2018年10月に連邦破産法11条（日本の民事再生法に相当）の適用が申請されている。

ii 日本経済団体連合会とは，わが国の代表的な企業1,340社，製造業やサービス業等の主要な業種別全国団体109団体，地方別経済団体47団体などから構成されている（いずれも2017年4月1日現在）。

　その使命は，総合経済団体として，企業と企業を支える個人や地域の活力を引き出し，我が国経済の自律的な発展と国民生活の向上に寄与することにある（http://www.keidanren.or.jp/profile/pro001.html より）。

iii ステークホルダーの語源は，「賭け金の管理人」であるようだが，現在では，組織行動に直接・間接的に影響を及ぼす「利害関係者」を指す言葉として使用されている。

　企業を例に挙げれば，消費者（顧客），従業員，株主，債権者，仕入先，得意先，地域社会，行政機関などすべてのかかわりのある「利害関係者」を指す言葉として使用されている。

iv ニーズとウォンツとデザイアーは，以下のように分けられる。

- ニーズとは人間が生きていくうえで充たされたいと求める欲求（生理的欲求，安全欲求，愛情欲求）。
- ウォンツとは深遠なニーズを特定の充足物で代替したいと思う欲求。
- デザイアーとは，ニーズを充たす代替物への購入意思と購入能力を背景とする特定製品・サービスへの欲求。

　ここではデザイアーについてふれていないが，ニーズ，ウォンツとともに説明しておく。

参考文献

池尾恭一・青木幸弘・南知惠子・井上哲浩著（2010）『マーケティング』有斐閣

石井淳蔵・廣田章光編著（2009）『1からのマーケティング［第3版］』碩学舎

三上富三郎（1982）『ソーシャル・マーケティング―21世紀に向けての新しいマーケティング』同文館出版

宮澤永光・城田吉孝・江尻行男編（2009）『現代マーケティング―その基礎と展開―』ナカニシヤ出版

和田充夫・恩蔵直人・三浦俊彦著（1996）『マーケティング戦略』有斐閣アルマ

Question 1

SQ1. どちらがマーケティングの考え方だろう？
①現在, 製造・販売している自動車の製造原価や販売原価の低減を図ることを第1の目的として仕事に励むよう社員の活動を促す。
②現在, 製造・販売している自動車の購入者の評価を調査し, 改善ポイントを明らかにして, 顧客満足の最大化を第1の目的として仕事に励むよう社員の活動を促す。

SQ2. どちらがマーケティングの考え方だろう？
①短い時間でより多くの製品を販売することを最も重要な目的として, 販売確定以後は顧客との関係を素早く打ち切り次の顧客の獲得を目指す。
②長期的な視点から, 顧客との関係性を重視し, 短期的な販売成果を期待しない形で仕事に取り組むことを目指す。

SQ3. どちらがマーケティングの考え方だろう？
①新たな顧客の獲得に向けて, より多くの消費者への営業活動を展開する。
②現状の顧客の思いを探り, 現状よりも1人あたりの顧客により多くの購入を促すような営業活動を促す。

第 2 章

製品政策

第1節 製品の交換が生じる市場とは

　私たちがインターネットやお店を通して買い物している交換成立の「場」を経済学では市場(マーケット)と呼んでいる。まず始めに，マーケティングで使用する「マーケット」という言葉の意味から学ぼう。

　マーケット（market）とは，日本語では市場と表現される。経済学の視点では，需要者と供給者の間に取引が成立した「点」を市場の成立と呼び，不特定多数の取引が成立している状態を意味する言葉として使用されてきた（図2-1）。しかし，マーケティングの視点では供給者（企業）から見た販売対象となる相手の集団のことを市場と呼ぶことが多い。この市場という言葉には，すでに取引が成立している対象も今後取引の成立が期待される対象をも含まれている（図2-2）。

　また，すでに取引が成立している相手を顕在顧客市場，今後取引が期待される対象を潜在顧客市場と区分して考えることが可能である。供給者の販売対象市場は，大別すると付加価値の生産を期待される企業群と最終消費を担う消費者群とに分けられる。付加価値の生産が期待される企業群が販売対象市場となる製品（商品）は「生産財（industrial goods）」と言われ，販売された製品を活用してさらに付加価値が生産されて次の取引へと引き継がれる。一方，最終消費を担う消費者群を販売対象市場とする製品（商品）は「消費財（consumer

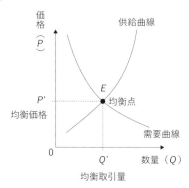

出所:筆者作成

[図 2-1] 経済学における市場曲線

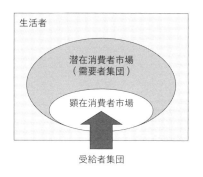

出所:筆者作成

[図 2-2] マーケティングにおける市場

---

goods)」と呼ばれ,新たな付加価値を生むことのない取引で終結する。しかし,近年では,使用済みの消費財をリユースやリサイクルへと活用することにより付加価値が生じることもある。このような使用後の廃棄過程における新たな市場の存在が注目され始めている。しかしながら,マーケティングの中心は未だに私たちが日常生活で購入し使用する消費財にあり,消費財は個人もしくは世帯などの単位での製品購入に関する意思決定が実施されて購入・使用されるものである。よって消費者市場に向けて販売される製品への需要の強さ,購入プロセスへの影響要因,製品の使用実態などを把握し製品改善,新製品開発,需要予測などの解析を実施し,今後のマーケティング活動に活かされることが望まれる。

第2節 マーケティングにおける製品の意味とは

　マーケティングでは,目に見え手で触れることのできる有形財の製品(iPhone,洋服,食品,自動車など)だけではなく,目でとらえられず支払いとともに同時に消費される無形財(医療サービス,教育サービス,テーマパーク,ホテルサービスなど)も含めて製品と表現することがある。製品とは,顧客が支払い負担に見合う価値が備わっていると考え実際の交換対象となるモノ

やサービスを意味している。これらの，生産・製造企業のマーケティング戦略の中心にとらえられるのが製品政策である。市場と製品の適合性評価の観点から明確になる離齬(そご)や現在の市場規模の今後の成長性などへの見込みの視点から，市場の動向に適応する生産品目や製造製品の改善・改良，または新たな市場需要に適合する新製品の開発活動などがマーケティング活動の製品政策を意味する。フィリップ・コトラーは，製品をベネフィット（効用）から次のように分類している（図2-3）。

- 中核ベネフィット…その製品を購入すれば一応得られるベネフィットのこと。ホテルに宿泊すれば「休憩と睡眠」を買っていることになる。
- 基本製品…中核ベネフィットを実現するために必要となる製品のこと。ホテルであれば，ベッド，テレビ，バスルーム，タオルなどを備えていることが必要となる。
- 期待製品…サービスを購入すれば当然ついてくると考える製品のこと。ホテルでいえば，清潔なシーツ，歯ブラシ，ドライヤーなどは一般に用意されていると期待されているものを指す。
- 膨張製品…顧客の期待を上回る製品のこと。ホテルでいえば，プールやスポーツジムが無料で使用できたり，バスにジャグジーが設置さ

出所：筆者作成

[**図 2-3**] コトラーによる４つの製品分類

れていたり，シングルルームにダブルベットが標準装備されいたりなどこれまでの期待された装備を上回る製品のこと。
- 潜在製品…将来的に提供ができる価値を含む製品のこと。たとえば，過去に宿泊したホテルに再度宿泊すると以前の宿泊時の行動をもとに考案されたパーソナルメニューでの宿泊が可能になっているような製品のこと。

これらのコトラーが考える製品の本質を理解し，さらに製品政策について学んでいこう。

第3節 製品が取引される市場環境の変化とマーケティング活動

ここからは，製品政策を考えるうえで重視されている5つの視点（製品ライフサイクル，製品差別化，製品計画・新製品開発，製品の計画的陳腐化，統合化された製品政策）について学ぼう。

製品が取引される市場は常に変化しており，市場に参入する需給者の数や質によってさらなる市場拡大が望めるか，もしくは市場が縮小していくのかが決まってくる。そのため，企業も常に製品が市場に導入されてから，市場から撤退するまでの売上高や販売数量などの指標（S字カーブの成長曲線が代表的形態として用いられる）を用いて市場規模の変化をとらえ，それぞれの期間（導入期，成長期，成熟期，衰退期）における適切なマーケティング活動の対応を検討する必要がある。市場環境を適切にとらえ，その状況に適切かつ迅速に対応できるマーケティング活動を実践するためには，市場環境を理解する視点が必要なのである。

その1つとして，製品が市場に導入されてから衰退し市場撤退するまでの市場の変化（製品ライフサイクル）の過程を学び，企業が競争を優位に進められるようなマーケティング活動を理解しよう。

3-1　製品ライフサイクルの視点による市場理解

製品ライフサイクルとは，新製品が市場に導入されてから市場から撤退するまでの市場環境の変化を，売上高や販売数量などの状況に訪れる4つの転換点

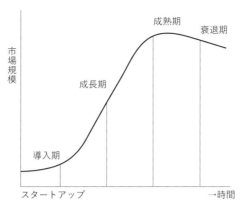

注：成長曲線を推定する関数式としてロジスティック曲線が適応されることが多い。
出所：筆者作成

[**図 2-4**] 製品ライフサイクル（製品寿命）

を基準に，それぞれの局面ごとの特徴をとらえるものである（図2-4）。ここでは，その4つの期間について説明する。

- 導入期…企業が新製品を市場に送り出す段階。画期的な新製品の場合，製品そのものとその価値を知ってもらうことが重要。すでにほかの企業が，類似する製品を市場に導入している場合はブランドを確立することが重要となる。
- 成長期…製品についての認知度が浸透し，その価値の高さが認められると売上高が急速に伸びる段階。他社との差別化を図りブランド・ロイヤルティの確立を目指す時期。
- 成熟期…売上高の伸びが鈍化し飽和点を迎える段階。市場において独自のブランド・ポジションを確立することが求められ，新規顧客の開拓は難しくリピーターの獲得率の向上を目指す時期。ある程度のマーケット・シェアを獲得している場合，最も収益の獲得が期待される時期。
- 衰退期…市場には同様のニーズを代替するより優れた製品が導入され，これまでの売上高が減少し利益が急速に減少する段階。ブランドの全面的なモデルチェンジか撤退を考えるべき時期。サンク・コス

ト（埋没費用）の最小化を目指すことが重要。

3-2　市場競争に必要な製品政策

次に重要となるのは，同じ市場で競争を展開するライバルに対し自社製品が競争優位を築くための4つの視点である。この製品への顧客からの選択確率を高めるための方法を考えてみよう。

◆**製品差別化**

基本的な製品機能の差異化が困難（製品のコモディティ化）になると価格競争に陥りがちとなるため，それを避ける目的で，製品差別化を副次的機能による差異化によって図り，顧客による製品選択確率の向上を狙うもの。たとえば，基本機能は変えずデザインや色彩のオプションを増やすなど，消費者の選択肢を価格からほかの基準へ移して，顧客獲得を目指す考え方。

◆**製品計画（プランニング）・新製品開発**

既存の製品と市場適合性や競争環境の視点から，既存の製品を補完する製品改良や今後の成長が期待できる市場へ向けての新製品開発などを計画的に展開すること。

既存製品の改善・改良や新製品開発には，マーケットの状況を的確に把握し将来予測を可能にする情報収集と適切に評価する分析方法が組み合わされたマーケット・リサーチが実施されることが多くある。

図2-5にマーケット・リサーチの流れをまとめているので，マーケットを理解するためには，どのような手続きが必要で何が重要なのかを考えてみよう。

◆**製品の計画的陳腐化**

製品の基本的機能の低下による買い替え促進ではなく，新たな機能を付加した新製品の開発などにより既存の製品機能が相対的に低下しているイメージを醸成して，買い替え促進を図ること。

◆**統合化された製品政策（IPP）**

製品の製造から廃棄に至るまでのプロセスで，環境配慮を念頭において製品製造が実施されるもの。近年ではこの考え方が極めて重視されている。

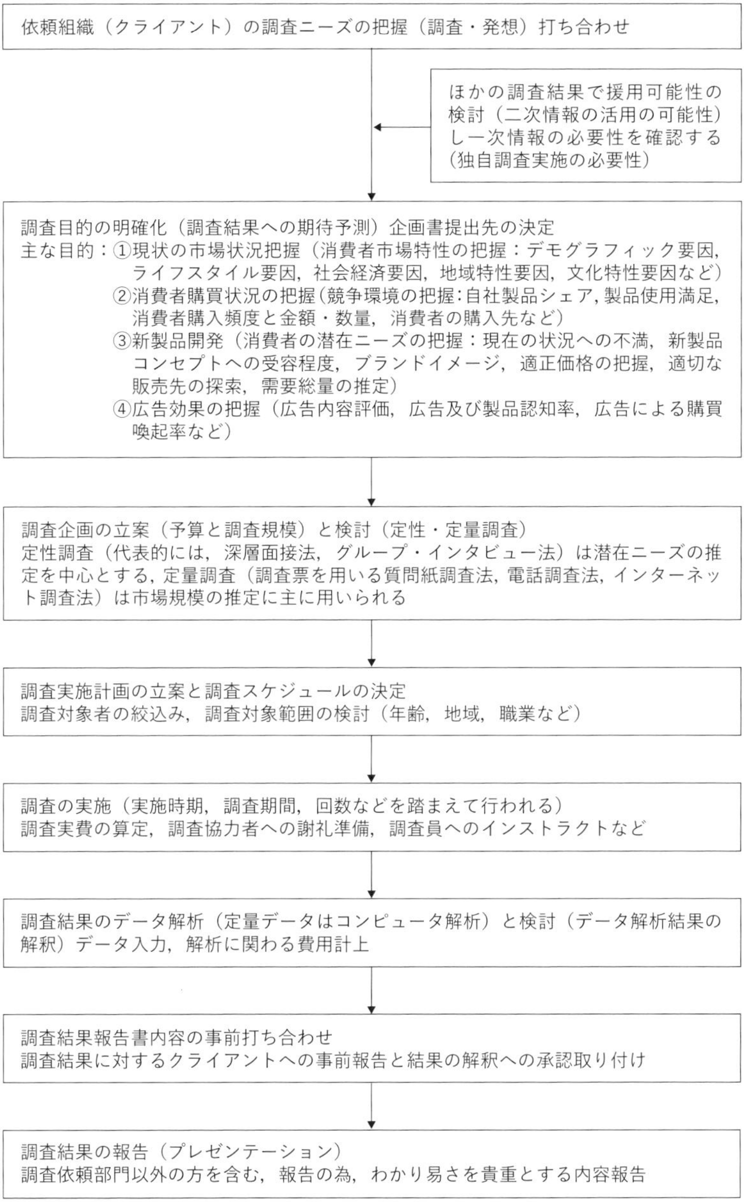

```
依頼組織（クライアント）の調査ニーズの把握（調査・発想）打ち合わせ
                                    ↓
                    ほかの調査結果で援用可能性の
                    検討（二次情報の活用の可能性）
                    し一次情報の必要性を確認する
                    （独自調査実施の必要性）
                                    ↓
調査目的の明確化（調査結果への期待予測）企画書提出先の決定
主な目的：①現状の市場状況把握（消費者市場特性の把握：デモグラフィック要因，
          ライフスタイル要因，社会経済要因，地域特性要因，文化特性要因など）
         ②消費者購買状況の把握（競争環境の把握：自社製品シェア，製品使用満足，
          消費者購入頻度と金額・数量，消費者の購入先など）
         ③新製品開発（消費者の潜在ニーズの把握：現在の状況への不満，新製品
          コンセプトへの受容程度，ブランドイメージ，適正価格の把握，適切な
          販売先の探索，需要総量の推定）
         ④広告効果の把握（広告内容評価，広告及び製品認知率，広告による購買
          喚起率など）
                                    ↓
調査企画の立案（予算と調査規模）と検討（定性・定量調査）
定性調査（代表的には，深層面接法，グループ・インタビュー法）は潜在ニーズの推
定を中心とする，定量調査（調査票を用いる質問紙調査法，電話調査法，インターネッ
ト調査法）は市場規模の推定に主に用いられる
                                    ↓
調査実施計画の立案と調査スケジュールの決定
調査対象者の絞込み，調査対象範囲の検討（年齢，地域，職業など）
                                    ↓
調査の実施（実施時期，調査期間，回数などを踏まえて行われる）
調査実費の算定，調査協力者への謝礼準備，調査員へのインストラクトなど
                                    ↓
調査結果のデータ解析（定量データはコンピュータ解析）と検討（データ解析結果の
解釈）データ入力，解析に関わる費用計上
                                    ↓
調査結果報告書内容の事前打ち合わせ
調査結果に対するクライアントへの事前報告と結果の解釈への承認取り付け
                                    ↓
調査結果の報告（プレゼンテーション）
調査依頼部門以外の方を含む，報告の為，わかり易さを貴重とする内容報告
```

出所：筆者作成

[図2-5] 製品計画を支えるマーケット・リサーチの流れ

製品政策が成功裡に導かれるためには，市場需要への的確かつ迅速な対応および環境を配慮した製品開発・生産体制が求められる。

第4節 導入期で市場成長が期待される新領域

では，ここから製品ライフサイクルの段階に応じて適切な製品政策を中心としたマーケティング活動の成功例から学んでいこう。

4-1 サイバーセキュリティ産業の市場規模と成長可能性

2010年以降のスマートフォンやタブレットの急激な普及やIoTの進化など生活に便利なツールが世界的規模で広がっている。しかし，生活の利便性やビジネス環境の高度化による快適さと同時に，私たちが活用している情報ネット環境は常に外部からの攻撃を受けるリスクに晒されている。トレンドマイクロ社が発表した「法人組織におけるセキュリティ実態調査 2017年版」によれば，セキュリティの年間平均被害額は，前年から2127万円増えて2億3177万円となり過去最高額を記録したと報告されている。

これは，調査対象となった自治体・企業の約48％にものぼり，極めて重大な問題となっている。このような危険性は，組織のみならず個人が使用する情報環境にも潜んでいることになる。

情報環境のリスクから，安全性を確保する事業がサイバーセキュリティ産業である。

サイバーセキュリティ産業の国内市場規模は，2015年で約9000億円に達し今後も成長する傾向が示されている（図2-6）。

この傾向は世界市場でも同様であり，サイバーセキュリティー調査研究企業のサイバーセキュリティ・ベンチャーズ（CyberSecurity Ventures）によると2017年は「われわれの予想で1200億（約13兆円）ドルとなる」と指摘している。同社はまた，2021年にはサイバーセキュリティー製品とサイバーセキュリティサービスに対する全世界の支出は「1兆ドル（約111兆円）を上回る」と予想している。

国内のサイバーセキュリティ産業も，情報セキュリティツール市場と情報セ

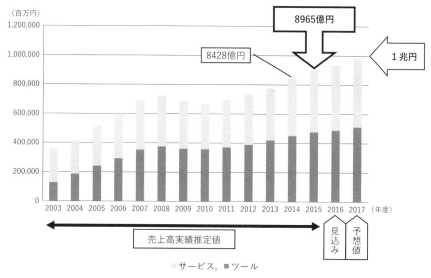

出所：2016年度「情報セキュリティ調査報告書（JNSA）」p.7より引用

[**図 2-6**] 国内情報セキュリティ市場規模　経年推移

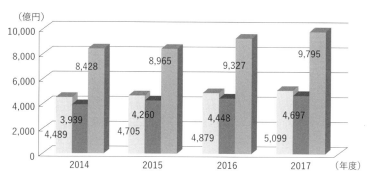

出所：2016年度「情報セキュリティ調査報告書（JNSA）」p.9より引用

[**図 2-7**] 国内セキュリティ市場規模　経年推移

キュリティサービス市場に大別される。それぞれの市場は同じような傾向で成長しており，近い将来には約1兆円の市場規模に成長することが予測される（図2-7）。また，情報セキュリティサービス事業を提供する，サイバーセキュリティクラウド社の大野暉は，「2016年日本でのサイバー攻撃は1年間で約1281億件もあるにもかかわらず日本ではその危険性から守る意識や体制が整っていない」と述べている。

さらに，サイバーセキュリティサービスの企業数についても，「アメリカが数百社，イスラエルに150社以上存在するのに対し，日本ではマーケットレポートにでてくる企業は4社」であると極めて少ない点を指摘している。

今後は，IoTに関するサイバーセキュリティサービスの需要が伸びることが予想され，特に生命に危険が及ぶ自動運転システムや遠隔医療システムなどに対応するサービス提供が重要になってくるであろう。

日本にはまだまだサイバーセキュリティサービスを提供する企業は少なく，将来の市場成長を考えると極めて有望な新領域だと考えられる。

4-2　障害を持つ高齢者向けファッション市場

日本の高齢化率は，年々その比率を高めており2016年10月1日の内閣府の発表によれば，総人口1億2693万人に占める高齢者の数は3459万人となり，総人口に占める高齢者の比率は27.3％に上っている。これによって，高齢者市場向けの製品・サービスが次々に市場導入され注目度の高い市場と言える。

しかし，高齢者と言っても一括りの市場ととらえるべきではないだろう。高齢者市場を経済的要因と身体的健康状態から細分化すると図2-8のように4つに分類される。この4つの分類の中から，特に経済的に豊かで身体的に障害を抱える高齢者を中心ターゲットとしてファッション性を楽しんでもらう服飾を提供し，外出する機会を増やすことでより豊かな高齢者生活を提供する企業が存在する。

たとえば，名美アパレル株式会社は，コンセプトとして「介護用品はまだ必要ないが，今までの洋服では不自由がある」といった状態の高齢者・障害者に対して「アイデアの詰まった洋服」によって"豊かで上質な日常生活"を提案することを掲げている[i]。このコンセプトに基づく製品が「機能付きファッシ

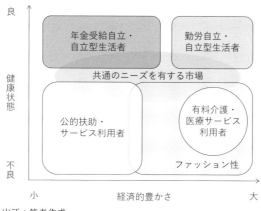

出所：筆者作成

[**図 2-8**] 高齢者市場の顧客分類

出所：名美アパレル株式会社社内資料より引用

[**写真 2-1**] 機能的ファッション

ョン」（写真2-1）であり，普段のファッションと介護用の衣料との双方を融合させたオシャレな衣料が制作販売されている。

　機能付きファッション衣料への認知率は現状ではまだ低く，注目されにくいニッチ市場ではあるが，その需要は確実に伸びている。今後も高齢者の数は2030年まで伸びることが予想されており確実に市場が拡大することが予想される。

　また，世界に先駆けて高齢化が進む日本におけるビジネスモデルは，近い将

来，海外の市場への適応も期待され，新領域として成長が期待できるのではないだろうか。

第5節 成熟市場における成長製品開発

5-1 成熟市場の特徴

「成熟期」は，関連製品全体の売上高の伸びが鈍化し飽和点を迎える段階であり，それらの製品を求める消費者にはほぼ行き渡り，買い替え需要によって市場が維持されている状態である。このような市場環境下において，各企業には，競争優位を獲得するための独自のブランド・ポジションを確立することが求められる。また，成熟期の段階では，市場への新規参入は難しく，複数の企業による寡占化が進んでいるのが現状と言えよう。

さらに，多くの製品市場で認められるコモディティ化の促進は，製品差別化による独自のブランド・ポジションを確立することの困難さをも示唆している。

本節では，成熟期の市場で競争優位を獲得し成長している製品開発の事例を紹介しよう。

5-2 コーヒー市場の成熟化とその変化

日本のコーヒー市場は，ここ10年間で増減を繰り返し，2012〜2016年は拡大傾向を示している（図2-9）。

しかし，2012年を基準にしたその変化率から見ても著しいものではなく微増傾向が続いていると評価できる。これは，コーヒー市場がほぼ成熟しており新たに急激な成長を迎える可能性は極めて少ないことを示している。これにより，この成熟した市場では熾烈なシェア獲得競争が展開されていると考えられる。

この状況を，コーヒー飲料の分類から見ると，家庭用のレギュラーコーヒーやインスタントコーヒーの販売数量に大きな変化はなく，もともと，喫茶店などで提供されていたレギュラーコーヒーは，ファストフード型のスターバックス，ドトール，タリーズなどのカフェにとって替わられ，さらにその一部を

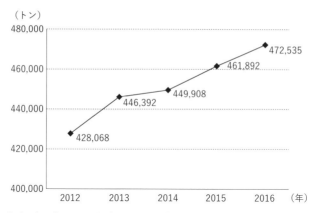

出所：全日本コーヒー協会データより筆者作成

[図2-9] 日本のコーヒー消費量の推移

コンビニエンスストアの100円コーヒーやネスレのカフェスタンドなどが代替している。

　かねてより屋外で消費されることの多い缶コーヒーは自動販売機の設置台数，コンビニエンスストア，駅構内の売店等の流通経路数の変化の影響を受けて販売数量が変化してきた。

　しかし，近年では，小売の流通経路も飽和状態をきたしており大幅な店舗数や自動販売機台数の増加は望めない。すなわち，限りある流通経路の中での利益を奪い合う競争が激化する市場環境となっている。このような市場環境下において，安定した販売数量を維持している缶コーヒーが，サントリーの「BOSS」とアサヒ飲料の「ワンダ」シリーズである。なかでも，アサヒ飲料は2002年には朝専用の「ワンダモーニングショット」を発売し急激な伸びを示すという成熟市場にあって極めて稀な現象を起こしている（図2-10）。さらに，2008年にはコーヒーの品質の良さに「金」というキーワードと使用した「ワンダ金の微糖」を発売し，さらなるブランドの成長を成し遂げている。その後，2013年，2014年と連続で販売数量が減少したが，2015年から再び上昇に転じ（図2-11），2017年の販売数量が4164万箱とほぼ前年並の販売数量となっている。

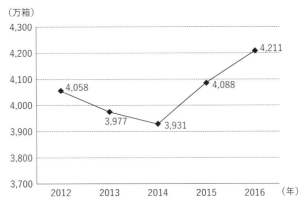

[図 2-10] アサヒワンダ販売数推移

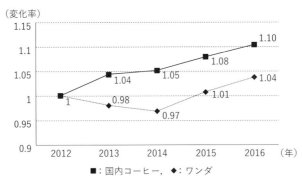

[図 2-11] 2012年を1.00とした変化率

5-3 成熟市場で劇的な伸び率を上げた成長製品開発

次に，新製品の導入により成熟市場を刺激し順調な販売数量を維持してきた製品開発の特徴について紹介しよう。

缶コーヒー市場は，大手5社（コカ・コーラ，サントリー，アサヒ飲料，ダイドードリンコ，キリンビバレッジ）で市場の8割を占める寡占市場である。変化の少ない飽和市場において，各企業はシェアの拡大を目指し，ブランド価

値の向上を目指す新製品の市場導入を進めている。

　特に，目を引く製品開発の事例として，2002年にアサヒ飲料が開発した朝専用「ワンダモーニングショット」の開発は，「朝」という時間軸を入れることによってこれまでの缶コーヒー市場に新しい価値を生み出した画期的な製品と言える。

　アサヒ飲料は，この製品の開発にあたり「缶コーヒーは，何のために飲むのか。どんな時に飲むのか」の原点に戻って缶コーヒーの本質をただすことに着手した。これは，コトラーが主張する中核ベネフィットを見直す作業であり，1から製品コンセプトを創りあげるプロセスを踏んだことになる。これまでの製品開発の継続ではなくゼロからの出発を目指す，ある意味では創造的破壊の道を選んでいる。

　この手法から新製品を開発するには，これまで以上に時間とコストがかかることを考慮するとともに市場に受け入れられるかの見極めが難しいため大きなリスクを覚悟することが必要となる。

　アサヒ飲料の製品開発の担当者は，新しい価値を創造するため缶コーヒーに求められている本質とは何かを徹底的に掘り下げ，「目覚まし効果」「始業まえの気合い入れ」というキーワードに辿りつく。その後，缶コーヒーの市場調査から，缶コーヒーの飲用時間の4割以上が午前中に集中していることを掴み，新しいコンセプトに合わせた製品制作に取り掛かっている。当時の製品開発チームリーダー本岡智裕は，具体的な製品コンセプトについて「特徴を出すために，苦くすることや甘くすることはできる。しかし，お客様が缶コーヒーに求める味わいでないとニッチな商品になり，ときどきしか飲まない商品になってしまう。毎朝飲んで仕事などをスタートしてもらいたいという思いがモーニングショットには込められている。そのためには，しっかりしたコーヒーの味わいがしながらも，すっきり飲みやすいバランスが必要だった」と述べている。

　つまり，ニッチ市場ⅱを狙うのではなく缶コーヒーを午前中に飲む人に向けた大きな市場を目指した製品開発であったことがうかがえる。しかし，市場が大きいほどニーズには多様性が生じる。もし，この新しいコンセプトが市場に共通する中核的ベネフィットでなければ，この製品は失敗していたと考えられる。

　しかし，製品開発者の思惑は，見事に市場のニーズをとらえ朝専用「ワンダ

モーニングショット」は，1年間で1500万ケースを売上げる爆発的なヒット商品となった。

その後，アサヒ飲料はこの製品を中心に販売数量を拡大し，2012年には「ワンダ」単一ブランドで4048万ケースを達成し，モーニングショット発売以前の缶コーヒーでのマーケットポジションを5位から，ジョージア，ボスに次ぐ3位に引き上げている。このような製品開発のプロセスは，アサヒ飲料（当時：アサヒビール）のスーパードライの開発事例にも認められる。

これらのケースから学べることは，成熟市場で急激な成長を遂げる製品を開発するためには，製品の中核ベネフィットから見直すほどの覚悟が必要であると同時に，全く別の市場を形成するほどのインパクトが求められるということである。

つまり成熟市場での成長製品の開発は，同じ市場に新しいブランドを構築するという考え方ではなく，全く新しい市場を構築するほどのリスクとコストを覚悟の上で臨むことが必要となる。

コモディティ化が促進する市場環境下で，明確な製品差別化を図り新たなブランド価値を向上させ，マーケット・シェアを拡大するためには従来からの方向性を一度遮断し，原点に戻っての発想の転換が重要なのである。

注

i　名美アパレル株式会社社内資料より引用。
ii　ニッチ市場についての詳細は第14章を参照してほしい。

参考文献

池尾恭一・青木幸弘・南知惠子・井上哲浩（2010）『マーケティング』有斐閣
石井淳蔵・廣田章光編著（2009）『1からのマーケティング［第3版］』碩学舎
和田充夫・恩蔵直人・三浦俊彦（1996）『マーケティング戦略』有斐閣アルマ
宮澤永光・城田吉孝・江尻行男編（2009）『現代マーケティング―その基礎と展開―』ナカニシヤ出版
川上智子（2005）『顧客志向の新製品開発―マーケティングと技術のインタフェイス―』有斐閣
恩蔵直人（2007）『コモディティ化市場のマーケティング論理』有斐閣

Question 2

SQ1. 製品群を1つ選択して，コトラーの製品分類の考え方にもとづいて，製品ついての分析をしてみよう。潜在製品はどのようなものになるかを考えてみよう。
SQ2. 製品ライフサイクルの考え方を説明しなさい。
SQ3. 製品の計画的陳腐化について具体的な例を用いて説明しなさい。

第3章

価格政策

第1節 価格とは

　価格とは，企業にとっては利益の源泉であり自社の製品やサービスの価値を表現する手段でもある。また，価格は顧客サイドに立てば金銭支払いによる費用負担そのものである。

　顧客は，製品やサービスの価値を評価する情報としても価格を活用している。つまり顧客は，支払い負担よりも価値が低いと判断した製品やサービスは購入せず，支払い負担よりも価値が高いと判断した製品やサービスは購入することになる。

　また，企業にとっての価格は，他社に対して競争優位を獲得できる有効な手段となりうる要因でもあり，逆に，過剰な価格競争は自社の収益を減らし企業の存続危機を招くことにつながる要因でもある。つまり，価格は企業の盛衰を決める諸刃の剣なのである。そのため，企業では市場の価格に対する動向を慎重に見極め価格決定を行う必要がある。市場シェアの動向を左右するのは消費者の価格変化への反応であり，その反応が生じる条件を知ることが企業にとって極めて重要な課題となる。企業が消費者の価格への反応メカニズムを理解し，その反応に適応する価格政策について学んでいこう。

第2節 価格政策の考え方

　価格政策は，企業が創造する製品やサービスの価値を伝達する役割を担っている。この価値伝達は，企業の一方的なワンウェイ・コミュニケーションではなく，買い手である消費者とのインタラクティブ・コミュニケーションを通じて政策の影響力を行使できるものである。

　第1節で述べたように企業の売上や利益に直結するものの1つは製品やサービスの価格である。また，一方では消費者の製品やサービスの選択や購買決定に強い影響をおよぼす。

　企業が過剰な利益を期待して，割高な価格を設定し期待どおりの利益を上げることができれば，その価格設定は成功である。つまり，企業が予想した利益を確保できる製品やサービスへの需要が，高価格においても生じたことを意味する。このとき，企業の需要予測の良さが検証されたことになる。

　しかし，これに反し市場シェアが減少するなどして，企業が期待した利益を獲得できない場合（市場シェアの減少）は，企業が設定した高価格が消費者には受け入れられず，企業が期待する利益を生み出す需要が存在しなかったことを意味し，企業の需要予測が失敗したことになる。

　企業が利益の最大化を追求する場合，2通りのアプローチが考えられる。

　その1つは，製品やサービスの価格をできるだけ低く設定し，大量の需要を喚起することにより利益の最大化を図ろうとする施策である。もう一方は，製品やサービスの価格を高めに設定し，製品やサービスの購入単位あたりの利益の最大化を狙い，少量販売によって多くの利益を得るものである。

　このような働きのほか，価格は製品やサービスの価値を反映する指標として，また，製品やサービスへの品質保証，製品やサービス使用による威光効果[i]の役割も果たしている。

第3節 マーケティングの機能要素としての価格

　企業のマーケティング活動の中核であるマーケティング・ミックスの機能要

素4Psに位置づけられる価格（Price）から検討してみよう。

　企業は顧客のニーズにもとづき，製品・サービスの価値の創造を行い（Product），創造された価値が受け入れられる価格を設定し（Price），その価格から見た価値の高さが評価できるイメージを伝達し（Promotion），購入の容易さを実現する（Place）ことを日々実践している。このことは，企業がマーケティング活動を通して，市場から得られる利益の最大化を実現する活動でもあることを示している。利益の最大化を図るためには，製品価値の最大化（価格＜価値の相対的乖離差の最大化）と製造原価や販売原価などの最小化を図ることが必要である。

　さらに，製品やサービスの価値が多くの消費者に正確に認知され購入機会の容易さが伝えられることも必要である。これらの活動の中でも，より多くの消費者に受け入れられるためには，消費者が支払う適切な価格の設定が極めて重要である。価格を決めるときには，標的市場の人々の価格に対する反応についても配慮を要する。それは，価格という数字による表示は明快であるが，受け取る人によって様々な意味を持っているからである。また，価格は製造や財務など，企業の全般的な領域の意思決定に影響を与えるので，価格計画は企業目的と合致するものでなければならない。これらの要求に応える価格設定を実現することの困難さが理解されるであろう。

第4節　消費者の需要の価格弾力性と価格感応度

4-1　価格の変動に左右される消費者の購入意思決定

　一般に需要は，価格が高くなれば減少し，価格が低くなれば増大する傾向がある。この増減の度合いを需要の価格弾力性という。価格の変動に需要が変動しない製品やサービスは，価格が購入を決める要因として機能していないことを表す。また，その逆の現象は価格が購入の意思決定に極めて高い影響力を持つ要因であることを表している。

　需要の価格弾力性は，次の式によって表される。

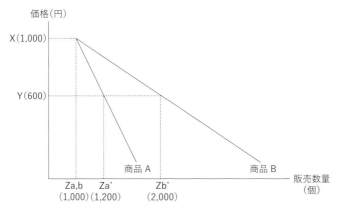

注：（ ）内の数値は，本文中の具体例の数値である。

出所：筆者作成

[**図 3-1**] 需要の価格弾力性

需要の変化率＝需要の変化÷変化する前の需要
価格の変化率＝価格の変化÷変化する前の価格
需要の価格弾力性＝需要の変化率÷価格の変化率

図3-1の商品Aと商品Bは，価格X時点の販売数量は同等のZa,bであるが，価格がYに下がると商品Aの販売数量は，Za,bからZa'に増加し，商品BはZa,bからZb'に増加することを表している。この場合，価格の変化率は同等だが，商品の需要変化率は商品Bが商品Aより高くなり，需要の価格弾力性が高くなることを表している。

すでに述べたが一般に，価格が上がれば需要は下がるので，需要の価格弾力性はマイナスの値になる。そこで，需要の価格弾力性には絶対値が用いられる。需要の価格弾力性が1を超えると，弾力的であると言い，1未満の場合は非弾力的であると言う。

では，実際に，価格1000円での商品Aと商品Bの初期販売数量を1000個として計算してみよう。両方とも価格を値下げして600円にしたところ，商品Aの販売数量は1200個，商品Bの販売数量は2000個にそれぞれ変化したとす

る。この場合，それぞれの商品の需要の価格弾力性は，次のような値になる。

- 商品Aの需要の価格弾力性

    (1200 − 1000) ÷ 1000 = 0.2（需要の変化率）

    (600 − 1000) ÷ 1000 = −0.4（価格の変化率）

    0.2 ÷ (−0.4) = −0.5

- 商品Bの需要の価格弾力性

    (2000 − 1000) ÷ 1000 = 1（需要の変化率）

    (600 − 1000) ÷ 1000 = −0.4（価格の変化率）

    1 ÷ (−0.4) = −2.5

前述したように，一般的に需要の価格弾力性は絶対値で評価され，これが1を上回る場合，需要の価格弾力性が高いと言われ価格政策が有効な商品と考えられる。従って，商品Bの価格弾力性は2.5であるため1を上回っており，価格政策が有効な商品と考えられる。

以上のことを踏まえて価格設定や価格変更の際には，需要の価格弾力性を十分考慮して行うべきである。

4-2　消費者の購買意思決定に影響する価格の変動表示

次に，価格の変動の表示の仕方によって消費者の購買意思がどのように変化するのかを見ていこう。

価格の相違に対する消費者の反応は，価格の提示の仕方に依存する。たとえば，スーパーなどのお惣菜がタイムセールで18〜19時には30％割引されるが，19時以降は50％割引になる商品があるとする。この商品を是非ほしいと思う消費者は，より安く購入することよりも，半額になる前に商品が売り切れて手に入らないことを危惧して30％割引の時点で購入しなくては，という考えになる。この場合，割引の価格を相対化する（％で示す）ことで，消費者は価格の変動に敏感に反応している。それは，消費者が価格を相対的に捉えることによって損得感情が生じるからだと考えられる。

つまり，消費者の感情をうまく扱って購入を促すような価格提示の仕方にも工夫が必要なのである。

価格の変化によって起こる消費者の利得と損失の感情については，次節にて

詳しく述べていく。

第5節 消費者が価格に感じる利得と損失の感情

　消費者が価格によって受ける負担と得られる利得との感情は次のような消費者の心理から理解される。消費者は，製品やサービスの購入を意思決定する評価基準をすでに保有している。その基準にもとづき購入すべきか否かが検討され，購入後にもその選択が正しいものであったか確認し，自己判断の正当性を強化して，心理的安定感を得る行動を行うことが知られている。

　消費者が事前に保有する基準は，レファレンス・ポイントと呼ばれる。価格がこの基準より低い場合は安いと感じ，高い場合は高額だと感じるため購入を差し控えたりする。また，私たちは，同一の商品やサービスをほかの人よりも安い価格で購入できたと感じると得をした気持ちになり，逆に高い価格で購入したことがわかると損をしたという感情を抱く。本来の商品の価値と価格のバランスからの評価ではなく，他者との購入金額の比較で利得・損失感情を感じることもある。このように価格は消費者の価値判断だけではなく，不安心理や利得・損失感情を喚起する要因でもある。

　それでは以下で消費者の利得・損失感情の変化を投資の事例で確認し，状況の変化と消費者心理の変化をとらえ価格変化と消費者心理の変化を考えてみよう。

◆**感応度逓減性**

　感応度逓減とは消費者の価格変動に対する反応が鈍る傾向のこと。

　たとえば，自分の所有している株価が上がると嬉しいものである。しかし，1000円で買った株価が1200円になったときの嬉しさと，その株が3000円になりそこからさらに200円上がったときの嬉しさは同じだろうか。

　どちらも200円の利益に違いはないが，後者の方が嬉しさは少ないと思う。つまり，株価が上がるにしたがって同じ利益でも嬉しさの度合いは逓減していく。これを感応度逓減と言う。

　また，同様に同じ価格値下げを続けていっても効果は逓減する。つまり，最初の価格値下げの刺激と同等の価格値下げを行っても，最初ほど効果がないこ

とを意味している。

◆ 損失回避

消費者が損失を事前に回避しようとする考え方のこと。

100円の利益と100円の損は嬉しさ，悲しさの増加具合に違いが見られる。研究結果では，損失の方が利益の約2倍悲しいとの報告がなされている。

たとえば，1000円で株を買ったとする。その株が上がり，1100円になり，さらに100円上がって1200円になるときと，100円下がって1000円に戻るときと感情はどう変化するだろうか。おそらく，人は100円下がった時の方が悲しいと感じるであろう。

これを価格変動でとらえると，近い将来，値上がりが予想される商品は，現状の価格で購入することで将来に対する利得感情を獲得することを目指すことになる。

以上の2つのことから，消費者は，相対的な評価から金銭的な利得・損失感情を抱くことが理解される。ようするに，価格の変動も相対的な基準から判断され，感応度逓減が生じている場合，継続的な価格低下は効果的な政策にならないのである。また，今後の価格値上げが予想される場合，損失回避の感情から現状の価格で購入しようとする行動が喚起され，一時的な需要拡大が認められる。

第6節　新製品の価格政策

新製品に対し，導入価格をいくらに決めるかということは，マーケティング戦略にとって重要な部分である。新製品が市場に導入される際に，企業が設定する価格設定の仕方には，初期高価格政策と初期低価格政策の2つの方法がある。

6-1　初期高価格政策

初期高価格政策は，比較的高い価格を新製品に設定する政策であり，上層吸収価格政策，上澄み吸収価格政策，スキミング・プライスとも言われ，以下の

ような特徴を持つ。

- 高い価格でも進んで購買する好奇心旺盛な，あるいは専門的な顧客層を標的市場にした新製品である場合に採用される。
- 新製品の導入期に，比較的高い販売価格を導入することによって，ほかの競争品が現れるまでに，支出した新製品開発費や広告費等を短期間に回収することができる。
- 競争品が出現してくれば，徐々に価格を引き下げていくことによって，次の顧客層を吸収していくことができる。
- 新製品に対する需要の価格弾力性が低く，価格にあまり敏感でない新製品需要がある場合に有効である。
- 新製品の生産能力の限界や，特許などの参入障壁があって，急激な大量生産や競争者の出現が困難な場合，つまり新規参入企業の少ない場合に有効である。

6-2　初期低価格政策

初期低価格政策は，市場浸透価格政策あるいはペネトレイティング・プライスとも呼ばれ，比較的低い価格で新製品を市場に導入する政策である。この政策の特徴は以下のとおりである。

- 新製品の高い市場占有率を目指す生産者が，市場浸透を早期に図るために採用する。
- 新製品に対する需要の価格弾力性が比較的高く，購買者が新製品の価格に対して敏感な場合に有効である。
- 単位当たりの製品コストが低く，大量生産が可能な新製品の場合に有効である。
- 新製品の革新性が弱く，競争相手がすぐに出現する可能性がある食料品や，家庭用品類に多く見られる。すなわち，新規参入の脅威がある場合に採用される。

6-3　差別化価格

上記では新製品の価格政策について説明してきたが，ここでは成熟期におけ

る価格政策について若干触れておこう。

　数多くの企業が同一製品市場に参入し，品質による製品差別化が困難な状況で採用される価格政策の中に差別化価格政策がある。

　では，差別化価格政策とはどのようなものか，大正製薬の栄養ドリンクブランド「リポビタン」を例に挙げて説明していこう。

　現在，リポビタンシリーズには購入者の利用者特性に応じた差別化を目指す指定医薬部外品「14種類」，医薬基準に基づく第2医薬指定品「1種類」，第3医薬指定品「3種類」が発売されている。指定医薬部外品が最も低価格で第3医薬指定品が最も高額である。同じブランドを活用し，成分をかえることにより同一ブランドでありながら「効き目」（医薬基準）の違いを価格による差別化で表現し同一ブランド内でのカニバリゼーション（共食い）を防ぎ，数多くの製品種類の市場導入を成功させている。

　消費者は，具体的な「効き目」の違いや成分の相違を深く理解することなく高価格な商品ほど「効き目」が高いと考え，商品の知覚差別化を価格にもとづいて行っていると考えられる。

　このように成熟市場おいて，自社商品間や他社商品との製品差別化を価格により消費者に認知させる政策を差別化価格政策と呼ぶ。

第7節　価格設定の方式について

　企業が価格を決定する場合に代表的な基準として次のような方式がある。これらの方式の中から，自社の製品やサービスの価値に消費者が喜んで支払う負担（will to pay）を想定し，価格の決定が行われ，そのあとに価格提示の方法が検討される。ここからは，価格を決めるために用いられる考え方を学んでいこう。

7-1　企業の立場を中心とした価格設定の方式

　まずはじめに，機械的に決定する方式について考えてみよう。この方式は，確かに客観性に優れているように見えるが，自社の製品やサービスへの消費者の価格反応が考慮されていない点が欠点である。

①コスト・プラス方式…原価に一定のマージンを加えて価格を決定する方式。
②需要供給分析…需要供給分析によって最も有利な品質と価格を見出す方式。
③市価基準法…市場での競争商品の価格を基準とする方法で，市価主義，低価主義，高価主義等がある。

7-2　消費者の視点から価格設定をする方式

　上記のような企業の立場を中心に価格を決定する方式に対して，消費者の買いやすさに視点を置いた価格設定には下記のような基準での価格設定が行われることもある。この視点から，実際に行われている価格設定の方式を見ていこう。

◆**端数価格**

　スーパーなどをはじめ，価格設定によく見られるもので，1000円や，500円という切りの良い価格にせず，996円や497円のように端数をつけることによって，消費者に「安い」という印象を与え，商品の購入に結びつけようとするもの。このような顧客の心理効果を考えたところから心理価格とも言われる。

◆**慣習価格**

　長期間にわたって価格が一定しており，これを消費者が慣習的に認めている価格のことで，カスタマリー・プライスとも言う。慣習価格を変更するためには，新しいコンセプトを持った商品や，品質，包装などを変える必要がある。

◆**名声価格（威光価格）**

　価格によってその商品の品質を評価する傾向が強い場合，高い価格を設定し，その商品の所有者にある種の優越感を持たせるような商品価格のこと。市場名声の高い商品は，中途半端に安い価格よりもむしろ高い価格の方が消費者に受け入れられることが多い。

7-3　企業間取引などの影響を受けて決まる価格設定

　次にこれまでの価格設定方式とは異なり，企業間取引で消費者に提示される価格が決定される価格決定方式が存在することも理解しておこう。消費者に提示される価格は，業界の特性や制度，企業間取引などの影響を受けている。

◆再販売価格維持制度

再販売価格とは，卸売段階や小売段階の流通業者における販売価格のことであり，再販売価格維持制度とは主としてメーカーが卸・小売業者に対し，再販売価格を維持するため，影響力を行使し何らかの形で統制しようとする制度。独占禁止法では，法定再販商品や指定再販商品について適用除外規定が設けられているが，適用除外商品以外の再販売価格維持は原則違法となる。

◆建値制

メーカーが，卸売業者から小売業者までの流通の各段階において設定する希望再販売価格の体系のことを建値制と言う。参考価格として小売業者に提示するメーカー希望小売価格とは区別される。建値とは裏を返せば流通業者の価格体系[ii]であり，これによって流通業者の利益が保証されている面がある。建値を維持・拘束する行為は再販売価格維持行為となり，独占禁止法上違法となる。一般的には，業者間競争により実勢価格が建値を下回る傾向にある。

◆オープン価格

メーカーが自分の出荷価格（仕切価格）だけを決定し，それ以降の卸・小売業者に任せる制度である。オープン価格制によって，後に説明するリベートをカット・簡素化することが可能になり，問題が多い建値性を廃止することができる。

◆割引

前もって設定された基準にもとづいて，一定の条件が満たされた場合に決められた価格を割り引くことである。割引には，次のようなものがある。

- 現金割引…企業間の取引で，決済を現金で行った場合の割引のこと。
- 数量割引…大量仕入を行う買い手に対する割引のこと。数量割引には，累積的数量割引と非累積的数量割引がある。
- 機能割引…メーカーが，卸売業や小売業が果たす機能を評価したうえで行う割引のこと。
- 季節割引…需要の季節変動がある製品において，需要が停滞する季節に購入する買い手に対して実施する割引のこと。
- 販売促進割引…買い手が売り手に代わって，各種の販売促進活動を行う場合に提供される割引のこと。アロウワンス（アローワンス）とも

呼ばれている。アロウワンスには，広告アロウワンスと陳列アロウワンスがある。

◆リベート

個々の製品価格体系とは別に，一定期間の取引高（金額や数量）などを基準として，取引先に支払われる代金の割戻しのことである。リベートそのものは，独占禁止法上問題はないが，公正競争阻害性が強い場合は違法性が問われる。リベートには，次のような分類がある。

- 占有率リベート…小売業者が販売する商品に対し，同一商品群に占める割合に応じて製造企業から支払われるリベートのこと。
- 累進率リベート…小売業者が販売する特定の商品の販売額や販売数量の累積割合に応じて支払われるリベートのこと。
- 忠誠度リベート…製造業者の価格維持への協力や製造業者主導の販売方法へ協力度に応じて支払われるリベートのこと。
- 拡販リベート　…製造企業の販売政策に準じて，小売業者が特定の商品の販売拡大に協力することに応じて支払われるリベートのこと。
- 早期支払いリベート…小売業者や卸売業者からの製造企業への早期支払いを促進させるための支払時期に応じて支払われるリベートのこと。

企業間取引が適切な競争を喚起し消費者の費用負担が減少する方向で機能している場合は，消費者にとって好ましい価格設定につながることもある。しかし，企業間取引では，カルテルなどの違法行為で価格の硬直化を引き起こす恐れもあるため，健全な競争環境が保持されているかどうかをチェックする必要がある。

注
i 威光効果とは，ハロー効果とも呼ばれ，価格への際立った評価が他の製品やサービスへの評価にも影響すること。
ii 価格体系とは，製造者や生産者が自社の製品・サービスの価格設定を行う際に，

流通各段階での粗利益を標準的に設定して全体の価格構造を示したもの。

参考文献

Ashwani, M. & Rui, J. Z.（2005），"Buyers versus sellers: How they differ in their response to framed outcomes," *Journal of Consumer Psychology*, Vol.15, No.4, pp.325-333.

片平貴秀（1991）『新しい消費者行動分析—LOGMAPの理論と応用—』東京大学出版会

横田澄司（1996）『マーティングの考え方（新訂版）』泉文堂

Question 3

需要の価格弾力性が高い商品の特徴を考え，具体的な事例でその商品がなぜ需要の価格弾力性が高くなるかについて説明せよ。

第4章

マーケティング・コミュニケーション政策

第1節 販売促進からマーケティング・コミュニケーションへ

　マーケティングにおける販売促進は，企業が創造した「価値」を消費者に正しく「伝達する」ことを目指している。

　しかし，「販売促進」という言葉は，企業が製品やサービスを消費者に都合よく売るための一方的な活動というイメージを抱かせる。これは，従来のマスメディアによる企業からの情報発信は，一方向性が強く企業に都合の良い情報提供活動ととらえられることが多いことに起因してきた。

　しかし，近年の情報通信技術（ICT：Information Communication Technology）の高度化は企業が提供した情報を消費者がどう判断しどのように行動しているかに関する情報を入手することを可能にしている。そのため企業は，消費者の態度・行動変容に適応する情報提示や提供方法のあり方を変更することでより効果的なマーケティング活動の実践が可能となっている。このような双方向型のコミュニケーションのもとで展開されるマーケティング活動は，「販売促進」のイメージを越えて企業と消費者を結ぶコミュニケーション過程ととらえられ，マーケティング・コミュニケーションと呼ばれている。マーケティング・コミュニケーションは，この過程を構成する各要素ごとの重要性と要素間の関係性を理解することで，より効果的で効率的な活動となると考えられる。

1-1 マーケティング・コミュニケーションの構成要素

　マーケティング・コミュニケーションは，その手段（ツール）によって非人的コミュニケーション手段と人的コミュニケーション手段に大別される。非人的コミュニケーション手段には，主に広告とパブリシティが含まれ，人的コミュニケーション手段には，人的販売，販売促進（SP：Sales Promotion）がある。これらの主要な4手段が，マーケティング・コミュニケーションを構成する。このマーケティング・コミュニケーションの手段を分類すると図4-1のようになる。

　図に示しているように広告とパブリシティは，ともに非人的で一方向的なマ

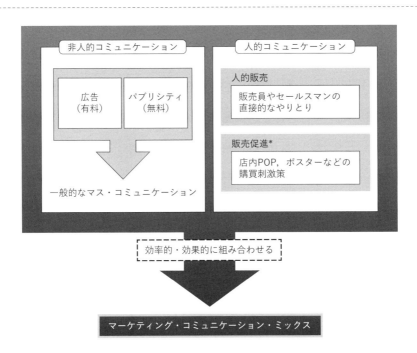

＊ここで挙げた，販売促進とは限定的な消費者を対象に販売促進を図る諸手段を意味し，マス・コミュニケーションは異なる位置付けとなる。

出所：筆者作成

[**図 4-1**] マーケティング・コミュニケーションの手段分類

ス・コミュニケーション手段だが，広告は有料である点がパブリシティと異なる。それに対して，人的コミュニケーション手段は，人間同士の双方向的なコミュニケーションである。また，マーケティング・コミュニケーションにおける販売促進とは，様々な購買刺激手段の総称ととらえられてきた。

1-2 マーケティング・コミュニケーションの効果的な実践

マーケティング・コミュニケーションがより効果的に実践されるためには，情報を発信する企業が，情報の受け手である消費者の情報処理の過程への理解を深めることが不可欠である。消費者への情報提供と消費者の情報処理プロセスの背景を理解する1つのアプローチとして，コミュニケーション理論の重要性が再認識されている。

コミュニケーション理論の観点から，マーケティング・コミュニケーションを考えると，情報の送り手である企業は，企業自らが創造した「価値（製品・サービス）」の内容を受け手である消費者に，より魅力的かつ内容を正確に伝達できるように情報内容を構成し，また選択したメディアを通して情報発信を行う。この情報内容を構成する時点（デコード）で，どのような表現形態をとろうとも情報内容には送り手の意思以外の事柄（ノイズ）が内包され，さらに選択されるメディアの特性によりその事柄は増幅される可能性が高い。そして，送り手が表現した情報内容は受け手による再評価段階において，受け手が活用する認知と理解（エンコード）のベースとなる解釈枠組み（スキーマ）によりその内容把握は異なるため，送り手の意思と受け手の理解内容には歪みが生じる可能性が含まれる。また，情報の受け手がどのような状況でその情報を

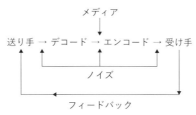

出所：筆者作成

[図 4-2] マーケティング・コミュニケーション

入手しているかにより，周辺環境からの解釈に関する影響を受ける可能性も否定できない。これらのことを考慮して，マーケティング・コミュニケーションが展開されることが望ましい（図4-2）。

　では，ここから具体的なマーケティング・コミュニケーションの内容を見ていこう。本書では，現場を理解する視点となるため，広告を中心にマーケティング・コミュニケーションを説明していく。なお，日本では広告という言葉が，マーケティング・コミュニケーション・ミックス全体を指し示すことが多い。そのため，第2節以降で使用する「広告」は広い意味を持っている言葉として使用していく。

第2節 マーケティング・コミュニケーションの目標・予算策定と影響する諸要因

　企業が積極的にマーケティング・コミュニケーションに投資する目的は，マーケティング・コミュニケーションの企業業績に与える好影響を期待してのことである。

　したがって，企業はマーケティング・コミュニケーションの成果を費用対効果の観点から捉えるため効果目標を設定し，その目標を叶えるために必要となる予算を算定してマーケティング・コミュニケーションを実施し，その貢献度を測定する形で評価を行っている。以下に具体的にそのプロセスを示そう。

2-1　マーケティング・コミュニケーションの手順

　マーケティング・コミュニケーションは，目標設定→予算化→コミュニケーション内容企画・媒体選択→実施→効果測定の手順で進められる。ここでは，まず目標設定と予算化を中心に述べていく。

◆目標設定

　企業はマーケティング・コミュニケーションを通して消費者の反応に応じて得られると予想される具体的な目標を設定する。

- 認知的目標 … 認知率，理解率のアップ
- 感情的目標 … 好意的態度，イメージの形成
- 行動的目標 … 購買行動（新規購買，買替え・買継ぎ，買い増し）

◆企業は個別の基準に基づいて予算策定

　広告予算は，明確な広告効果だけの測定（売上高への貢献度）が難しいため前年踏襲型で決定されることが多い。また，広告活動の費用対効果が不明瞭であることから，会社全体の売上高が減少した場合，最初に予算を減額される対象項目ともなる。

2-2　日本企業の広告費

　主に広告予算は，広告代理店への支払い額が想定されている。日本企業のここ数年の年間広告費支出の総額は約6兆円であり，広告チャネル別支出額は変化するものの大きな変動は認められない（図4-3）。これは，日本全体の経済状況とほぼ同様の動きを示しており，リーマンショック（2008）後に，広告支出額が急激に減少していることからも分かる（図4-4）。つまり，企業にとっての広告費は業績向上に直接効果を望めない経費として考えられ，業績に応じて削減されやすい費用となっている。

　実際に，個別の企業単位での実際の広告宣伝費（日本で多い順）2016年を見ると（表4-1），トヨタは全体の売上高が高いため広告支出額は大きいが，

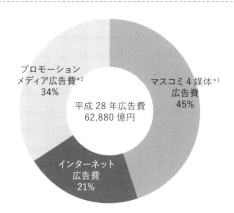

＊1：マスコミ4媒体とは，新聞・雑誌・ラジオ・テレビの4つである。
＊2：プロモーションメディア広告費には，屋外・交通・折込・DM・フリーペーパー／フリーマガジン・POP・電話帳・展示・映像などが含まれる。

出所：電通発表「日本の広告費」より筆者作成

[**図 4-3**] 媒体別広告費（2016 年）

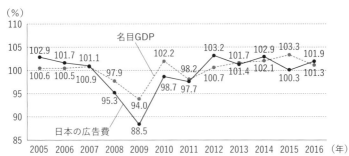

出所:http://www.dentsu.co.jp/knowledge/ad_cost/2016/ より改訂後の推移のみ引用

[**図 4-4**] 日本の総広告費と GDP の推移

[**表 4-1**] 広告支出費用高ランク（2016）

順位	企業名	広告費（億円）	対売上比率（％）
1	トヨタ	4,487	1.6
2	ソニー	3,638	4.7
3	日産	3,134	2.6
4	イオン	1,937	2.3
5	セブン＆アイ	1,603	2.7
(途中省略)			
47	ロート製薬	222	14.4＊

＊広告費に対する売上比率としては極めて高い数値である。
資料：2016 年 5 月期～ 2017 年 4 月期　有価証券報告書
出所：東洋経済 ONLINE（2017 年 9 月 10 日）
　　　http://toyokeizai.net/articles/-/187757?page=2　2018 年 1 月 17 日閲覧

その売上高に占める割合では第47位のロート製薬が売上高の14.4％も広告に支出しており，広告がロート製薬にとって極めて重要な位置づけにあることが分かる。

このように広告費や対売上比率を見ることで，企業がマーケティング・コミュニケーションをどの程度重視しているかを見る1つの指標となることがわかる。

企業が創造する「価値」の内容，他社との競合関係，企業が保有する資産（有形・無形），強み・弱みにより，目標達成のために予算内で最も効果的で効

率的なマーケティング・コミュニケーション・ツールの組み合わせが検討されなければならない。では，この効果を上げるために知っておくべき諸要因はどのようなものか，次項にて説明していこう。

2-3 マーケティング・コミュニケーションに影響する諸要因

マーケティング・コミュニケーションの情報内容とその提供方法に影響を与える要因には，製品要因，製品の差別化レベル要因，企業要因，競合要因，市場要因，消費者要因の6つが存在する。ここでは，この6つの要因について学ぼう。

◆**製品要因（製品類型・製品ライフサイクル）**

マーケティング・コミュニケーションによる市場への働きかけを考える場合，主に2つの製品要因を考慮する必要がある。

1つは，製品の販売対象が企業であるか消費者であるかによる違いである。この製品類型の違いは，それぞれ「生産財」「消費財」と表現されマーケティング・コミュニケーションの方法に影響を与える。

製品類型		マーティング・コミュニケーション	
		方法	重点
生産財		人的販売	専門的，アフターサービス，時間をかけて選択
消費財	最寄品	広告，販売促進	低価格，開放的チャネル
	買回り品		
	専門品	人的販売	高額，閉鎖的チャネル，アフターサービス

注：需要に季節性がある場合は，短期間での集中的なマーケティング・コミュニケーションが重要となる。

もう1つは，製品ライフサイクルである。これは，製品の市場への普及状況により訴求すべき内容が異なることでマーケティング・コミュニケーションの方法に影響を与える。

製品ライフサイクル	マーケティング・コミュニケーションの内容
導入期	初期の試し買いを誘発するもの　試供品の配布など
成長期	競合他社との差別化を強調するもの
成熟期	企業・ブランドイメージを醸成するもの
衰退期	実演販売などによる刺激型の販売促進など

◆**製品の差別化レベル要因**

当該製品が他社製品に比べて本質的な製品の差別的優位性を保有する場合には，その優位性を主張する広告がマーケティング・コミュニケーション・ミックスの中心となる。反対に優位性がない場合は，人的販売や販売促進が中心となる。

製品差別化レベル	マーケティング・コミュニケーション内容と主な方法
優位性あり	本質的な優位性を主張する広告
優位性なし	人的販売や販売促進，販路拡大

◆**企業要因**

マーケティング・コミュニケーションの方法と内容は，企業のマーケティング・コミュニケーションへの予算規模や企業の保有数するチャネル力などの企業要因の影響を受ける。

企業要因		マーケティング・コミュニケーション内容と主な方法
予算規模	大きい	マス・メディアを利用する広告が中心となる
	小さい	人的販売や販売促進への依存率が高くなる
チャネル力	強い	人的販売や販売促進に重点を置く
	弱い	顧客の購買意欲を喚起する広告に重点を置く

◆**競合要因**

拮抗する競合他社が存在する場合，ライバル企業のマーケティング・コミュニケーション戦略と類似する戦略を採用して対抗する事例が多く，マーケティング・コミュニケーションは競合他社の戦略に影響を受ける。

競合要因		マーケティング・コミュニケーション内容と主な方法
拮抗する競合他社の存在	あり	競合他社のマーケティング・コミュニケーション戦略の動向を把握し，同様の対抗策を講じる
	なし	企業独自の予算規模，保有資源，製品特徴に応じたマーケティング・コミュニケーションの実施

◆**市場要因**

マーケテティング・コミュニケーションは，企業が対応する市場の要因に影響を受ける。

1つは，市場規模の大小である。そしてもう1つは，市場の地理的分布状況

である。市場の地理的分布状況とは，製品に対する嗜好性が地理的に細分化されている場合や製品の鮮度が極めて重視されるため広域に販売が困難な場合に考慮すべき市場要因である。市場の地理的分布状況に細分化が認められる場合，当然その1つひとつの市場規模は小さいものとなる。

市場要因		マーケティング・コミュニケーション内容と主な方法
市場規模	大きい	広範囲に短時間で伝達可能なマス・メディアによる広告
	小さい	人的販売や販売促進を中心とするもの
地理的分布状況（細分化）	あり	人的販売や販売促進を中心とするもの
	なし	広範囲に短時間で伝達可能なマス・メディアによる広告

◆ **消費者要因**

効果的なマーケティング・コミュニケーションを実施するためには，消費者要因を考慮する必要がある。消費者の製品に対する認知・理解・態度の段階は，製品情報への接触頻度や製品の利用頻度により変化するため，多くの消費者にとって有益となる情報は何かをその都度確かめつつ伝達する方法や内容を変える必要性が生じる。

消費者要因		マーケティング・コミュニケーション内容と主な方法
目標反応段階	認知段階	マス・メディアによる広告を中心とする
	理解段階	製品特徴の理解促進を狙うマス・メディアの活字広告
	態度段階	試し買いを促進する試供品の提供などの販売促進
	行動段階	価格値引きなどの実売型の販売促進

また，消費者の製品への関与水準や保有する知識量とリスク認知などの消費者要因も考慮することが必要である。

消費者要因		マーケティング・コミュニケーション内容と主な方法
関与水準	高関与	自らの積極的な情報探索活動を行い多様な情報を入手してブランドへの態度を形成するため，専門性の高いメディアを活用し情報内容の質の高さが意図された広告や人的販売，販売促進がバランス良く実施されること。
	低関与	受動的な情報の入手が中心となるため，露出頻度の高いメディアを活用し，情報接触への機会を拡大することによるブランド認知率を高めるような方向が有効。

消費者要因		マーケティング・コミュニケーション内容と主な方法	
		リスク認知	
		高い	低い
知識量	多い	詳細な識別が可能な情報内容の提示や専門性の高いアドバイザー型の人的販売が有効	日常の食料品などが多く、店舗選択の誘因になるチラシ広告や実演販売形式の人的販売が有効
	少ない	専門性の高いアドバイザー型販売が有効	低額な日用雑貨品が多く、店内広告、販売促進が有効

これら6つの要因が巧みに操作されることで、より効果的なマーケティング・コミュニケーションの実践が期待される。

第3節 マーケティング・コミュニケーション戦略

　企業が取り扱う製品、サービスの特徴、競争上のポジションにより企業が選択するマーケティング・コミュニケーション戦略は異なる。戦略として代表的なものには、プル戦略とプッシュ戦略が挙げられる。

　たとえば、取り扱う製品が企業向けのものでブランド力が高いものは、売り手市場を形成してより有利な取引条件を設定できるプル型のマーケティング・コミュニケーション戦略（プル戦略）の展開が可能となる。またプッシュ型は、本質的な製品差別化を図りにくい場合、特定の領域で高いチャネル力を有する企業が採用する手法である（プッシュ戦略）。

3-1　プル型戦略の機能とその効果

　プル戦略とは、広告などによって消費者を製品へと引っ張る戦略であり、広告を中心にして自社製品に対する強いブランド選考を持たせ、消費者に小売店で指名買いさせるものである。

◆広告の基本機能

　広告の情報伝達機能から見た分類では、・顕在的順機能・潜在的順機能・潜在的逆機能・顕在的および潜在的没機能のほか、説得機能、リマインダリー機能がある。

◆**情報伝達の機能**

　アイボリー（象牙）石鹸の効能を宣伝するP&G[i]の1920年のポスター広告は，水に浮く石鹸（石鹸に空気を誤って混入した結果生まれたものであったが，その石鹸を購入した顧客が再び水に浮く石鹸を希望したという出来事をモチーフにした）の絵柄をとおしてその純度99.44％（科学的裏づけによる信頼度）の高さを印象付け，泡立ちの良さ，泡切れの良さ，汚れの落としやすさ，繊細な香り，肌に優しいなどのメッセージが掲載されている。石鹸に関するすべての効能にすぐれたものであることが強調され，この広告が爆発的な売上に貢献したと言われている。

　現在も，アイボリー製品の売上高は約57億ドルであり，売上高の7％が広告費に使用されている。日本では花王のメリットの広告で，ジンクピリチオン（Zpt）配合はフケとかゆみを防ぐ成分として広く認知され，消費者の購買意欲を喚起した。

◆**経済的機能**
- マクロ経済的 … 需要創造，経済波及
- ミクロ経済的 … 需要創造，価格低下
- 広告費と価格 … 市場パワー学派（ブランド・ロイヤルティの強化），市場競争学派（価格低下）

◆**社会・文化としての機能**
- 娯楽機能
- 芸術の普及機能
- 生活提案機能

◆**消費者から見た広告機能**

　消費者から観た広告機能には，2つの機能が含まれると考えられる。1つは，消費者の製品・ブランド選択を支援する情報提供機能であり，他方，消費者が広告内容に楽しさ・爽快感・面白さなどを感じ，広告内容が話題となり社会の潤滑油的な役割を果たす娯楽性機能である。

　1988年の清水の研究では，500人の主婦を対象に生活用品などの10商品の広告に対する10の評価項目（表4-2）を5段階のSD（形容詞双対法）尺度で測定し，因子分析を実施し，広告の評価に用いられるとおもわれる3因子が抽

[表 4-2] 調査対象商品とその広告評価項目

表A

調査対象商品10商品	化粧品
	菓子類
	インスタントラーメン
	洗剤
	ゴキブリ取り器
	薬品
	歯磨き
	衣料品
	ビール
	家電製品

表B

広告評価項目10項目	広告の低俗性
	商品理解の促進
	適切な消費の促進
	話題性提供
	広告の真実性
	購買有用性
	広告量の適切性
	内容重視性
	子供への影響性
	娯楽性

出所:清水(1988)より筆者作成

[表 4-3] 消費者の属性評価のための項目

消費者属性	購買行動	流行敏感性
		広告利用度
		デザイン重視度
		衝動的購買
	日常生活	社交性
		生活満足度
		消費者運動関心度
		興味範囲
		自己主張性
		テレビの必要性
		TVコマシャール関心度
	媒体接触時間	テレビ視聴時間
		新聞閲覧時間
	ファミリーライフサイクル要因	学歴
		年齢
		家族数

出所:清水(1988)より筆者作成

出されている（信頼性，話題・娯楽性，購買有用性）。また，異なる消費者の属性は広告評価に影響しているかを検証するため，消費者属性を評価する4ジャンル16項目，購買行動，日常生活，媒体接触時間，ファミリー・ライフサイクル要因（表4-3）に対する回答結果への因子分析に基づき，500名の主婦を3グループに分類し，それぞれのグループ間での商品広告分類に対する評価への差異が検討され，広告の話題性へのネガティブな評価と，子供への悪影響を考慮する視点と，好影響を評価する視点により広告を評価するという異なる評価属性の消費者群の存在が明らかにされた（清水1988）。これによって，同一の広告内容であれ消費者による異なる評価が得られることが理解された。

3-2　プッシュ型戦略の機能と効果

プッシュ戦略とは，販売員の活動などによって，製品を消費者のところまで押し込んでいく戦略である。

◆**人的販売の基本機能**

コモディティ化している製品領域においては，買い手からみて製品間の差異を認識することは難しく企業イメージやブランドイメージが先行して製品選択が行われる機会が多くなっている。

消費者が製品間の差異性を認識しづらい状況のなかで，消費者の購買意欲を特定のブランドに向かわせる動機づけを行うのがプッシュ型のマーケティング・コミュニケーションである。1つの方法は，消費者と製品との接触機会を増やすことで製品への親和性高めることを目指す多様なチャネル開発を行う人的販促（営業活動）である。いくら良いブランドイメージの製品であっても製品との接触機会が少なくては販売機会が限定され代替製品が購入されることになる。

もう1つの方法が，店内などの限定された場面での実売に関する販売促進である。実演販売や試供品配付や試食など販売刺激策を講じて販売強化を図るものである。

◆**情報伝達の機能**

どちらの方法も直接的な対人交渉を通して製品の優位性や差異性を詳細に伝達することで，販売の拡大を図ることを狙いとしている。マス・メディアの広

告を通しては伝えにくい詳細な情報や細かな差異性を確実に伝え，取引条件を交渉を通して決めることが可能であり買い手にとっても有益な情報を個別に得られる可能性がある。

◆経済効率性

マス・メディアによる広告と比べて，比較的少ない費用で実践できその成果を具体的に把握できるメリットがあるため，事後の対応策を立てやすく経済効率性は高いものと考えられる。

◆消費者からみた機能

製品に差異が認められない状況において，製品選択を容易にするひとつの刺激であり製品選択の簡便性を促進する機能を有する。また，ブランドへの親和性が増す環境が整備され，ブランドに関する個別情報をインタラクティブに聞ける機会が提供されることは消費者がより望ましい製品選択をする機会が得られると言えよう。

第4節 インターネット広告の現状

企業のインターネット広告支出額は年々増大（前年比10％以上の伸び）し，2016年には総広告費に占める割合も20％を越えている（図4-5）。企業はインターネットを重要な広告チャネルと位置付けてその費用対効果を直接把握し，効果・効率的投資を実施している。

その中でも，スマートフォンを中心とするモバイルデバイス向けへの広告支出がインターネット広告費の約60％を占め，極めて効果的な広告ルールと評価されていることがわかる。

最近では，マスメディアとの相乗り（クロスメディア）型の広告も増え，全てのメディアを通しての囲い込み型のマーケティング・コミュニケーション戦略が展開されている。

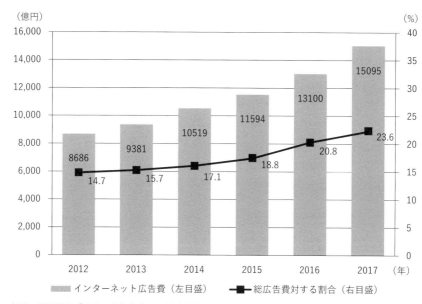

出所:電通発表「日本の広告費」より筆者作成
[図4-5] インターネット広告費の推移

第5節 広告効果の評価と測定

5-1 広告効果の評価法

　送り手から見た広告は,広告主が意図するメッセージをより広範な受け手に効果的かつ効率的に伝達できる有効な情報ツールとみなすことができる。そのため,広告主にとっては,情報ツールへの投資がどの程度の直接的な成果を生むことができるかが,重要な関心事となる。この成果は,広告主への財務的リターンや受け手の広告主に対する良好な態度への変容などの形態を通して評価される。成果の評価判断は,広告以外の成果関連要因を制御可能な状況において初めて可能となる。しかし,これは現実的には不可能なことである。

　広告への評価の視点は,1920年ごろから,営業活動における顧客の心理的変化を単純化して記述するAIDMA(Attention Interest Desire Memory

Action）の理論が使用されている。

　しかし，より明確に広告の成果判断を行うためには，1961年にラッセル・コリー（Russell Colley）が提唱した広告における目標管理システム（DAGMAR：Defining Advertising Goals for Measured Advertising Results）の考え方が有効とされた。このDAGMAR理論は，その中核的要素として「コミュニケーション・スペクトラム」と呼ばれる「未知」「認知」「理解」「確信」「行為」で構成され，受け手の心理変容を捉える手法として活用されている。この考え方は広告活動の展開に際し，事前に設定される目的の到達度でその成果を測定する考え方である。しかし，事前に設定される目的の適切さを検証することは考えられていないという点で問題もある。

5-2　広告効果の測定

◆広告効果測定へのアプローチ

　広告とは，広範囲にわたる顧客市場に対して，有料の非人的媒体を通して企業の製品やサービスに関する情報を伝達するコミュニケーション手段であり，その広告の効果性をいかに高めるかを検討し立案されるのが広告戦略である。

　広告戦略の実践のためには，広告対象者の明確化，広告効果目標の設定，広告媒体ビークル[ii]の選択，広告コンセプトと広告表現内容の制作，広告実践計画の設定，広告効果の測定のプロセスを経る必要がある。

　特に，広告効果測定は広告目標達成度を見極め，今後の広告計画に影響する要因として重視される。次頁に示すモデルは広告により購買が喚起される可能性を検討するものである。

◆広告喚起のモデル

　広告の購買に対する直接的影響の測定を試みるモデルである。消費者が商品の購買決定するプロセスには，様々な要因が影響することは周知の事実であり，その様々な要因の中から広告認知の影響力のみを推定しようとするモデルである。

　表4-4は，数週間，広告を行った後に，広告効果がどの程度その後の成果に反映されているかを測定するためのマトリクスである。

　広告効果が極めて高いと考えられる結果は，aの値が高くcの値が「0」で

[表 4-4] 広告認知と購買マトリクス

		広告認知		
		有	無	合計
購買	有	a人	b人	a＋b人
	無	c人	d人	c＋d人
	合計	a＋c人	b＋d人	N人

出所：筆者作成

ある時である。

また，広告の影響のみで購入したと推定される人数は以下の式で求められる。

$$広告の影響で購入した人の人数 = a - \frac{b}{b+d} \times (a+c)$$

注

i　ウイリアム・プロクター，ジェームス・ギャンブルがローソクと石鹸の原料が同じと言う観点から企業を合併し1837年に設立。

ii　ビークルとはテレビであれば放送局，新聞であれば新聞社，インターネットであれば検索サイトなど具体的な個々の媒体名を意味する。

参考文献

青木幸弘・岸志津江・田中洋編著（2000）『ブランド構築と広告戦略』日本広告研究所

池尾恭一・青木幸弘・南知恵子・井上哲浩（2010）『マーケティング』有斐閣

石井淳蔵・廣田章光編著（2009）『1からのマーケティング［第3版］』碩学舎

清水猛（1988）『マーケティングと広告研究［増補版］』千倉書房

宮澤永光・城田吉孝・江尻行男編（2009）『現代マーケティング―その基礎と展開―』ナカニシヤ出版

和田充夫・恩蔵直人・三浦俊彦（1996）『マーケティング戦略』有斐閣アルマ

Question 4

SQ1. 表4-5から，広告の影響で商品を購買したと推定される人数を求めよ。
SQ2. 購買した人の全体人数に対する，広告の影響により実際に買い求めた人の割合を答えよ。

[表 4-5] 広告認知と商品購買の関連性

		広告認知		
		有	無	合計
購買	有	5人	2人	7人
	無	3人	10人	13人
	合計	8人	12人	20人

※割り切れない場合は，小数点第二位を四捨五入。

第5章

流通政策

第1節 日本の流通機構

　私たちが必要とするものや欲しいと感じるものを身近で手に入れる仕組みを築いているのが流通機構である。その代表的な全体像についての概略が図5-1に示されている。

　日本の流通機構は，大きく3つの業種で構成されている。1つは，ものづくりを担う製造・生産者，2つめに製造・生産者から大量に仕入れ小売業に再販

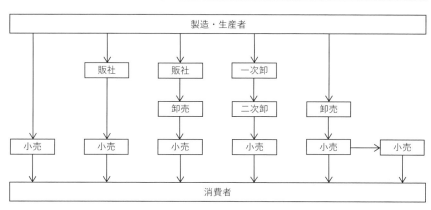

出所：筆者作成

[**図 5-1**] 日本の流通機構

売を行う卸売業者，そして3つめに，私たちが普段買物をしている小売業者である。また，そのほかに製造企業が投資して設立した，自社の製品を自社の戦略に合わせて販売するための卸売流通系企業である社販がある。

流通業者間で，商品取引の流れ（商的流通），商品配送の流れ・商品在庫の流れ（物的流通），売買情報の流れ（情報流）が効果効率的に行われることで途切れの無い流通活動が実現されている。また，この全体的な流通の経路のことをチャネルという。

では，流通機構を構成するそれぞれの業種の役割と機能について学んでいこう。

第2節 卸売業の定義と役割

2-1 卸売業の定義

まずはじめに，卸売業について述べていこう。

平成26年7月1日調査経済産業省大臣官房調査統計グループの産業分類大分類によると，卸売業とは下記の項目に該当する事業者であると定義されている。

卸売業
卸売業とは，主として次の業務を行う事業所をいいます。
(1) 小売業又は他の卸売業に商品を販売するもの
(2) 建設業，製造業，運輸業，飲食店，宿泊業，病院，学校，官公庁等の産業用使用者に商品を大量又は多額に販売するもの
(3) 主として業務用に使用される商品（事務用機械及び家具，病院・美容院・レストラン・ホテルなどの設備，産業用機械（農業用器具を除く），建設材料（木材，セメント，板ガラス，かわらなど）など）を販売するもの
(4) 製造業の会社が別の場所に経営している自己製品の卸売事業所
(5) 他の事業所のために商品の売買の代理行為を行い，又は仲立人として商品の売買のあっせんをするもの（代理商，仲立業）

卸売業には，一般に次のように呼ばれている事業所が含まれます。卸売商，産業用大口配給業，商事会社（卸売を主とするもの），買継商，仲買人，農産物集荷業，製造業の会社の販売事務所，貿易商，製造問屋，代理商，仲立業など

このような，卸売業の仕事を日常生活の中で目にすることは，ほんとんどないため，卸売業の事業所を表す商事会社，買継商，仲買人，代理商，仲立業などがどのような仕事なのかを簡単に説明しておこう。

- 商事会社…輸出入貿易を業務の中心にした商業を営む会社。
- 買継商…産地と集散地問屋の取引を斡旋し，手数料を得る仲介業者（機織物）。
- 仲買人…一般的には生産者と最終消費者の間に立って，売買の仲介をする者。
- 代理商…一定の商人のために，継続してその営業に関する取引の代理または媒介をする商人。
- 仲立業…代理商が一定の会社に従属しているのではなく，売買両当事者のそれぞれの名前で，売買の仲介的業務を行うもの。

以上のことから，卸売業として認定されるためには取引相手が特定可能な帳簿処理が行われ，取引相手がさらに付加価値を生み出す事業者であることが必要条件であることが分かる。

2-2　中間流通業としての卸売業の存在根拠

卸売業のような中間流通業が取引チャネルに存在する意義と役割について，マーガレット・ホール（Margaret Hall）は，1948年に取引最小化の原理と不確実性のプールの原理を提示し，中間流通の存在の根拠を認めている。

◆ 取引数量最小化の原理

取引数量最小化の原理は，流通取引において中間流通業が介在することで，市場における取引数が減少することを示している（図5-2）。

たとえば，製造業者が3社，小売業者が5社存在している場合，市場で行われる取引数は，3（製造業者数）×5（小売業者数）＝15通りとなるが，卸売業者が介在した場合，製造業者も小売業者も卸売業者のみと取引すればよいので市場で行われる取引数は，3（製造業者数）＋5（小売業者数）＝8通りとなる。このように卸売業者が存在することで，製造業者，小売業者は，取引を効率化することができるという考え方である。

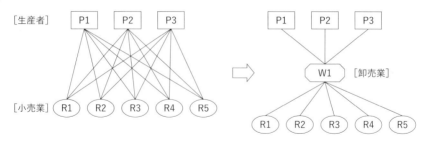

出所:田島・宮下(1986)

[**図 5-2**] 取引数量最小化の原理

◆ **不確実性プールの原理**

不確実性プールの原理とは,流通取引において卸売業者が介在することで,市場における在庫数が減少するという原理である。

たとえば,小売業者が10社存在している場合,需要の変化に対応するために各々が在庫を50個必要であるとする。そのときの市場の在庫は10(小売業者数)×50(在庫数)= 500個。しかし,卸売業者が介在して商品を速やかに供給できれば,小売業者は50個よりも少ない在庫で需要の変化に対応できる。ようするに,卸売業者が介在することで,小売業者は余計な在庫を減らし,在庫スペースも効率化させることができるという考え方である。

卸売業の存在の根拠とその意義は,理論的には認められる一方で,ICTの高度化に卸売業の存在は流通費用の拡大を招く要因として批判の対象となることもある。

特に,取引のリスク分散を狙いとする卸売業間の取引は迂回取引として批判の対象となっており,近年はその迂回比率は年々低下する傾向にある。

しかし,日本のように小規模な小売業者が全体の約7割を占める状況においては,それぞれの店舗に迅速に対応可能な地域ごとの卸売業の存在も不可欠であり,流通サービスが滞ることなく効率的に展開される流通政策の実現が望まれる。

第3節 小売業の役割と業態の分類

次にもう1つの流通業者である小売業についての説明をしよう。

小売業は，最終消費者に商品を販売することでその機能を果たしている。また，消費者への販売機会を拡大するためには，不特定多数の消費者が購入を望む商品を仕入れ（社会的品揃え），消費者が買い物しやすい環境（利便性の提供）で商品を販売する仕組みを創造する必要がある。この消費者の購買ニーズと購買環境に応える小売業の事業形態は様々であり，その事業内容も多岐にわたる。このような小売業の実態の経営・販売方式を基準として分類する考え方が業態分類であり，より現状を反映する指標として経済産業省発刊の商業統計調査結果の統計処理の分類基準としても採用されている。

また，旧来から小売業を分類する基準として業種の考え方も存在する。業種は販売されている主要商品を基準にする分類方法であり，主に商店街などに出店している旧来型の小型な小売業の分類に適している。

業態とは，顧客の購買特性に応じる小売業の店舗運営・商品販売方法を基準とする分類方法であり，近代的経営を取り入れる小売業（ドラッグストア，スーパーマーケット，コンビニエンスストア，ホームセンターなど）の分類に適していると言える。私たちが日常生活で頻繁に買物をする店舗は，この業態分類に適するものが多くなってきている。主に小売業の業態は，中分類で11種類に区分けされている（百貨店，総合スーパー，専門スーパー，コンビニエンスストア，広義ドラッグストア，その他のスーパー，専門店，家電大型専門店，中心店，その他の小売店，無店舗販売）。また，それらがそれぞれの特徴からさらに細かく分類されており，たとえば，専門店は取扱商品の割合（「衣」「食」「住」のいずれかが90％以上）に応じて「衣料品専門店」「食料品専門店」「住関連専門店」に分けられている。

経済産業省の平成26年商業統計調査結果データから作成された小売業態別年間販売額（表5-1）を参照し，どの業態が小売業の売上高を占める割合が高く，より多くの消費者が利用しているかを考えてみよう。単価の高い住関連を除くと，食品スーパーとコンビニエンスストアの年間販売額シェアが高いことが

[**表 5-1**] 業態分類別年間商品販売額（百万円）

1. 百貨店	4,922,646
（1）大型百貨店	4,864,392
（2）その他の百貨店	58,254
2. 総合スーパー	6,013,777
（1）大型総合スーパー	5,434,599
（2）中型総合スーパー	579,179
3. 専門スーパー	22,368,486
（1）衣料品スーパー	2,189,240
（2）食料品スーパー	15,375,413
（3）住関連スーパー	4,803,833
└うち　ホームセンター	3,147,109
4. コンビニエンスストア	6,480,475
└うち　終日営業店	5,855,725
5. 広義ドラッグストア	4,300,305
└うち　ドラッグストア	3,645,873
6. その他のスーパー	4,537,507
└うち　各種商品取扱店	246,460
7. 専門店	43,157,623
（1）衣料品専門店	2,482,084
（2）食料品専門店	3,519,613
（3）住関連専門店	37,155,926
8. 家電大型専門店	4,458,503
9. 中心店	19,299,839
（1）衣料品中心店	3,246,745
（2）食料品中心店	3,870,715
（3）住関連中心店	12,182,380
10. その他の小売店	203,237
└うち　各種商品取扱店	170,362
11. 無店舗販売	6,434,326
└うち　通信・カタログ販売，インターネット販売	3,916,453
合計	122,176,825

出所：経済産業省（2016）「平成26年商業統計表（二次加工統計表）業態別統計編（小売業）」業態第14表をもとに作成

分かる。では，具体的にこのような小売業はどういった政策をしているのか身近な業態であるコンビニエンスストアを例に見ていこう。

第4節 効果・効率的経営を遂行するコンビニエンスストア

　小規模な店舗（30〜250㎡）で品揃えも限られる環境の中で商品の高回転率を維持しながら販売活動を続けるコンビニエンスストアは，日本の小売業に占める売上高シェアも高く成長を続けているビジネスモデルである。

　多くのコンビニエンスストアは，フランチャイズチェーン（本部と個人店との契約による店舗経営）方式を取り入れ，全国店舗の品揃えやサービスの均質化を図り利便性の高さ，全国どの店舗でも同じ商品を購入できる安心感や信頼感がより多くの人からの支持を得ている。

4-1　コンビニエンスストアのこだわり

◆ファストフードの進化

　コンビニエンスストアの利用頻度の低い顧客層の中には，コンビニエンスストアで販売されているファストフードの食材の安全性に不安を抱く人も多い。

　しかし，大手コンビニエンスストアでは合成着色料，保存料，合成甘味料などの食品添加物の使用を極力減すことに努めている。

　たとえば，ファミリーマートでは，2003年に合成着色料，合成甘味料に加えて天然保存料までも禁止している。同社ではお寿司のガリそのものも1年がかりで加熱殺菌できる素材を開発し，保存料と甘味料を使わず砂糖と素材の持つ甘味だけでつくり上げている。

　セブンイレブンでは，使用する野菜のすべてを契約農家で生産し，収穫後は素早く予冷し産地から工場まで低温度帯で配送する「コールドチェーン」を完成させることで鮮度と栄養価の高い野菜を素材に使用している。

　また，工場の衛生管理を徹底し流通ルートを一定の温度に保つことで，保存料を使わなくても味と安全が確保できるようになるなど各社が食の安全に積極的に取り組んでいる。

◆配送車両の環境対策

　ファミリーマートでは配送用トラックにハイブリット車両を導入し，ディーゼル車よりも窒素化合物を50％，二酸化炭素を25％削減することが可能となった。

　このような，配送車両の転換も重要な要素だが，基本的には輸送頻度を少なくし，排出される排ガス自体の削減に努める必要もある。

　たとえば，セブンイレブンでは，常温商品をカテゴリー分類配送からドリンク類と菓子など重いものと軽くてかさばるものを組み合わせた配送を試み，1日1店舗当たりへの配送車両台数を7.6台にまで削減している。

◆店員の接客態度の向上

　コンビニエンスストアでは，物販を中心とする店舗から，無限のサービスを提供できる可能性を秘めた店舗として，サービスを利用する顧客への満足度を高める必要性が生じている。

　つまり，顧客とのコミュニケーション・スキルの向上が顧客満足度を高める重要な要因となる。そのため，各社では従業員（アルバイト）に働くことへの価値を見出してもらい自らの積極的な行動が，お客様に喜ばれ会社からも感謝される事につながることを理解してもらい，従業員としての存在意義を認識し仕事へのプライドを持ってもらうことを狙いとする教育・訓練が実施されている。

◆営業（24時間営業）体制

　コンビニエンスストアの真髄ともいえるのが「いつでもあいていると言う信頼感」を消費者に持ってもらえる体制の確立である。つねに店をあけたまま，商品仕入れ・陳列・販売・店内清掃などの業務を同時平行的に行えるオペレーションが導入されており，各業務が滞ることなく24時間体制での営業を可能にしている。

◆犯罪抑止対策

　24時間営業していることから，店舗の明かりが犯罪抑止力になり，駆け込み寺のように犯罪の手から逃れる場所として活用される場合も多い。しかし，逆にコンビニエンスストアを狙った犯罪の多発状況が伝えられることを配慮し，深夜勤務の2人以上での勤務体制の徹底を図るなどにより犯罪抑止効果に寄与している。

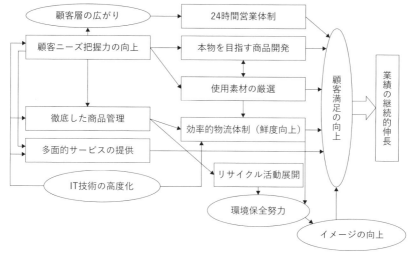

出所：筆者作成
[**図 5-3**] コンビニエンスストアの業績向上要因関連図

　以上のようなコンビニエンスストアのこだわりが，多くの消費者の支持を得て成長を続ける要因になっていると考えられる。コンビニエンスストアの業績と諸要因との関係性は，図5-3にまとめられている。

　多くの消費者から支持を得るコンビニエンスストアの店頭は，製造企業にとって自社製品をより多く販売するため極めて魅力的な取引チャネルの1つなのである。

4-2　コンビニエンスストアのこだわりを支える物流体制

　ここまでに見てきた基本的流通の戦略要素を踏まえて，コンビニエンスストアの物流体制を考えてみよう。流通政策の要素は，以下の要素からなる。
- 最適調達ソース（仕入先）の選択と設計調達ソースとの作業分業（＝作業連繋）
- 輸配送方法の設計
- 調達方法（本部と店舗の発注方法と納品方法）の設計店舗との作業分業（＝作業連繋）

- 倉庫の設置（統合化倉庫を含む）と倉庫設備の設計

　以上の要素のなかでもコンビニエンスストアのこだわりを実践するため最も重視されてきた物流体制の変革に注目しておこう。

　物流体制の変革は，従来の配送体制であった取引関係のある卸売業者が個別にそれぞれ発注を受けた商品を配送する形態によって生じていた弊害（納品手続の煩雑さとトラックの絶え間ない往来による買物利便性の阻害）を解消する仕組みとしての共同配送体制に始まり，取引の中核的（取引金額が高い）卸売業者が関連する商品取り扱い業者の注文を取りまとめて配送を行う窓口問屋制へ，そしてより効率的な配送形態として小売業者が所有する共同配送センターを中心とする配送体制へと発展した。これは，個々の対応，また配送だけでなく，物流加工と配送を一括指定配送業者に担当させる仕組みである。指定配送業者は定時刻・ルート配送することでコストを削減でき，さらに，集約配送システムによって時間短縮や積載率を向上させ，交通量抑制に役立っている。

　物流体制の進化は続き，共同配送センター機能は商品種類別に次の5つのセンターにまで発展している。

- 米飯共同配送センター：温度帯別物流によってコンビニ商品の柱である弁当・おにぎり・焼たてパンの共同配送センター（20℃・1日3便）
- チルド共同配送センター：惣菜・調理パン・サラダ・乳飲料・麺類の共同配送センター（−5℃・1日3便）
- フローズン共同配送センター：アイスクリームや冷凍食品の共同配送センター（−20℃・1週7便）
- 加工食品共同配送センター：ソフトドリンク・加工食品・インスタントラーメン・雑貨の共同配送センター（常温・1週3〜6便）
- 雑誌配送センター

　また，この5つのセンターに加えて商品政策から生まれた温度帯別配送車両の開発まで進み，常温車はもとより冷蔵車・冷凍車に加えておにぎり配送から生まれた保温車（20℃±2℃）まで誕生し，24時間鮮度の良い商品が店頭で販売可能な体制が確立されており，まさに物流においてもコンビニエンスストアのこだわりを徹底する姿勢が貫かれている。

第5節 ダイレクトマーケティング

次に卸売業を通さない流通政策について学んでいこう。

通信手段と物流機能を兼ね備えたメーカーや流通業者が直接消費者に商品を提供するスタイルの流通システムをダイレクトマーケティングという。これは，インターネットやモバイル端末など情報通信技術の進展により，世界的規模で急速に成長している流通システムとも言える。この流通システムの特徴は，流通段階の削減による流通コストの低下を商品価格に反映させると同時に，消費者コストの最小化を図ることにも貢献しているという点だ。しかし，一方では物流コストの増大が問題視されている。

ネットによる販売形式には，自社のホームページを仮想店舗として展開する方法と，人気のあるサイバーモール（バーチャル商店街）に出店する方法，消費者間での販売を可能にするオークション・サイトへの出品などが一般的であろう。

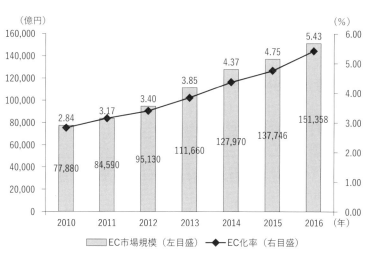

出所：経済産業省（2017）

[図 5-4] BtoC-EC の市場規模および EC 化率の経年推移

また，従来の販売方式とは異なる画像情報が中心となるため，ネットでの集客方法と商品の陳列・説明に工夫を要する。双方向通信が可能なため，消費者のニーズを迅速に的確に表現できるサイトが今後ますます発展していくことが見込まれる。

急激に成長するダイレクトマーケティング市場(図5-4)のチャネルを有効に活用できる企業が競争優位な流通政策を実現できることになると考えられる。

第6節 流通政策の新たな仕組み

流通経路の効率化と在庫の削減を図ることによる社会的費用の削減効果の促進を狙う流通経路の新たな仕組みとして，SCM（Supply Chain Management）が注目されている。

SCMは一般的に「消費者に対して価値ある商品・サービスを効率的に提供することを共通目標に，川上（メーカー）から川下（小売）までを，IT（情報ネットワーク等）を用いて統合管理し，販売や製造，在庫などの各種情報を共有することで，ビジネスプロセス全体の最適化を目指す経営管理の手法」と定義されており，それぞれの流通業者にとってメリットのある仕組みであるように思われるが，このSCMを主導する企業が流通段階のどこにあたるのかにより，それぞれのメリットの表出の仕方は異なる。

たとえば，製造メーカー主導の場合は，効率的生産体制を基本に考えるため集中的な大量生産方式が可能となる生産システムが，活かされる形態でのSCMが構築される。また，卸売り主導の場合は物流の効率化が最大の目的として，小売主導型では消費者の購買動向に即した商品回転率向上を目指したSCMの構築が図られる。

それぞれの企業の狙いは異なるが，IT技術の高度化によって流通経路全体での情報の共有化が図れる，SCMを主導する企業に一極集中型の利益還元システムが構築されることは少なく，全体の利益の向上に資するものとなることが多く散見される。

生産から消費に関する商品の動向は，その取引に参画する企業にとって自社の戦略を決定し実践する過程で極めて重要な情報であり，すべての企業が自社

の目的達成のための最適化を図ることが全体の利益の向上へとつながるものと考えられる。ようするに，流通政策とは，消費者ニーズの多様化に対応すべく製造・販売業者が共に協働する相互依存と衝突の中から生まれる最善策を見出し，実践するための方向性を示す企業の取り組みである。

参考文献
池尾恭一・青木幸雄・南知恵子・井上哲浩（2010）『マーケティング』有斐閣
石井淳蔵・廣田章光編著（2009）『1からのマーケティング［第3版］』碩学舎
経済産業省（2017）「平成28年度我が国経済社会の情報化・サービス化に係る基盤整備（電子商取引に関する市場調査）」
田島義博・宮下正房編著（1986）『日本的卸売経営の未来』東洋経済新聞社
宮澤永光・城田吉孝・江尻行男編（2009）『現代マーケティング―その基礎と展開―』ナカニシヤ出版
和田充夫・恩蔵直人・三浦俊彦（1996）『マーケティング戦略』有斐閣アルマ

Question 5

SQ1．小売業と卸売業の事業目的の違いを説明せよ。
SQ2．中間流通業の存在根拠とその意義を答えよ。
SQ3．店舗購買とインターネット購買を比較し，店舗購買の魅力を答えよ。

第2部

実務編

第 6 章

医療マーケティング

第1節 医療サービスの特性

1-1 医療サービスとは

　医療サービスとは，無形財[i]であり人が中心となって提供するサービスである。そのため，医療サービスには，サービスを提供する側（医療従事者）に情報や知識がかたより，医療消費者[ii]が医療サービスの品質を適切に評価できない状況が存在する。医療サービスは，人が中心となって提供するため，提供する人材によりサービス品質の評価にばらつきが生じやすい特徴を持つ。つまり，医療技術のサービス内容よりも提供する人の言葉，行為や態度が評価されるのである。このような医療サービス品質のばらつきは，医療技術や医療設備を通しても生じる。また，医療サービスの複雑性が品質への評価を難しくしている点から，信用財[iii]とも呼ばれる。以上のような医療サービスを提供する医療機関の選択で，医療消費者は，「自己の経験」，「家族・知人・友人の勧め」や「医師の紹介」など個々の状況に応じた個人的な評価基準に依存することとなる。

1-2 医療サービス利用の特殊性

　医療サービスの利用は，私たちがポジティブなニーズや期待から行うサービ

スへの選択とは異なる。医療サービスへの選択は，突然訪れる体調不良や不慮の事故など予測困難なネガティブな状態から生まれることが多い。私たちは，マイナスの状態をもとの状態に戻すことを目的に医療サービスを受けている。結果を予測できないネガティブな状態で医療サービスを選択し，サービスに対する費用負担を強いられている。体調が不良でその原因も不確かな中で，くわえて医療機関のサービス水準を判断する充分な情報がない中で医療機関を選択するというほかのサービスとは違った特殊な状況が存在する。

1-3　医療消費者の医療サービス選択環境

医療消費者の費用負担を軽減するため，国が医療保険制度と診療報酬制度を整備している。これらの制度が，私たちの医療サービスへの低負担とサービス内容の均等化を補償している。それと同時に提供される医療サービスの内容は保険制度の制約を受け，医療機関の選択はその症状により国の決めた制度の制約を受ける。そのため，医療サービスの選択は自由市場経済下でのサービス取引とは異なる。私たちは医療サービス内容を，保険制度内での診療と保険適用外での自由診療のどちらかを選択できる。保険制度を利用して医療サービスを受ける場合，医療サービス内容と医療機関の選択に制約が加わる。保険内医療サービスの内容には国が定めた範囲があり，それを上回るサービスを求めた場合，保険外の自由診療とみなされ保険適用外の負担が生じることになる。また，医療機関の紹介がなければ，医療サービスを受けられない特定機能病院[iv]などが存在し，医療消費者の自由意志で自由に医療機関を選択できない環境もある。

1-4　医療保険制度の現状

本来の保険制度は，保険加入者の保険料収入にもとづいて保険給付を行うことで成立する制度である。しかし，日本の医療保険制度では保険加入者の保険料収入では保険給付をまかなえないため，国の税金の一部を給付にあてることで成立している（表6-1）。つまり，保険制度としては破綻している状態である。そのために将来，国の税金負担がさらに高まることが予想されている（図6-1）。

[**表6-1**] 国の税金による医療費への負担額（平成26年度）

国民医療費の公費負担総額	15兆8,525億円
国民一人当たり	約124,741円

出所：https://www.nta.go.jp/shiraberu/ippanjoho/gakushu/hatten/page04.htm

注：平成26年度まで…「社会保障費用統計（平成26年度）」
　　平成37年度…「社会保障に係る費用の将来推計について《改訂後（平成24年3月）》（給付費の見直し）」

出所：https://www.nta.go.jp/shiraberu/ippanjoho/gakushu/hatten/page04.htm

[**図6-1**] 社会保障給付費の推移予測

　図6-1から，平成37年頃には医療保障給付費は，現状の約1.5倍の54兆円になることが予測されている。すべての社会保障給付費がGDP比約25％となり，国の予算が大きな制約を受けることが予想される。以上の2つの給付費を抑制する方法として，私たちが医療機関にかかる機会を減らし，健康な状態を維持するための予防医療の考え方が広がりつつある。予防医療を進めるための，ファシリテーターとしての役割が医療機関にも求められている。

第2節 医療機関の現状

2-1 医療施設数の推移

医療機関マーケティングについて述べていく前に，まず医療施設数の増減から医療機関の現状を見てみよう。

厚生労働省発表の「平成28年（2016）医療施設（動態）調査・病院報告の概況」によると，全国の医療施設は17万8911施設［699］であった（［］の中は前年比との増減を示す：以下同様）。

この医療施設は，大きく分けると「病院」「一般診療」「歯科診療所」に分類され，そこからさらに細かく，病院は「精神科病院」と「一般病院」に，一般診療と歯科診療所は「有床」か「無床」か，などに分けられている。

では，簡単に医療施設数の推移を以下に示す。

まず，「病院」は8442施設［△38］，「一般診療所」は10万1529施設［534］，「歯科診療所」は6万8940施設［203］であった。これを細かく見た場

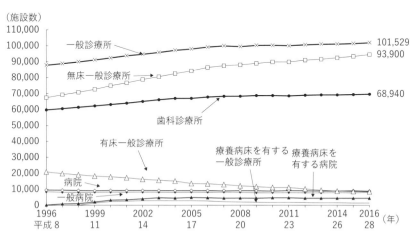

出所：http://www.mhlw.go.jp/toukei/saikin/hw/iryosd/16/dl/gaikyo.pdf

［図6-2］医療施設数の推移

合「精神科病院」は1万62施設［△2］,「一般病院」は7380施設［36］であり，この一般病院に含まれる「療養病床を有する病院」は3827施設［△17］であった。

次に，一般診療所は「有床」が7629施設［332］で，この有床診療所含まれる「療養病床を有する一般診療所」は979施設［△71］,「無床」は9万3900施設［866］。さらに，「歯科診療所」は6万8940施設［203］であった。なお，歯科診療所については有床・無床の数値はここでは省略する。

また，図6-2は1996年から2016年までの医療施設数の推移を示している（精神科病院を除く）。

以上のような医療施設数の推移から，入院施設を有する医療機関が減少し，無床の医療機関が増加しているということがわかる。つまり，小規模で少数の医療消費者へ対応するホームドクター型の医療機関が増加しているものと推測される。

2-2　医療機関の競争環境

医療機関の競争では，一般的な市場機能のメリットである「競争は価格の低下と品質の向上をもたらす」が働いているのだろうか。河口（2007）によれば，「医療収益率」における「二次診療圏の病院密度」が正の値を有することから，医療消費者の自己負担額を引き下げる「疑似価格競争」よりも，医療消費者に対して非価格要素で競争を行う「非価格競争」の存在が指摘されている。つまり，医療機関の競争では一般的な市場機能のメリットは働かず，むしろマーケティングが従来から重視する非価格政策によるサービス品質の差別化戦略が展開されていると考えられる。

第3節　医療消費者の医療機関の選択

3-1　医療消費者の医療機関の選択理由

医療消費者にとって医療サービスは信用財であるため，医療消費者は医療サービス品質の評価を他者から得る情報で行い，それと同時に交通の便がよい，

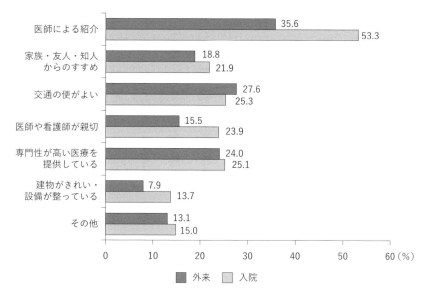

注:「病院を選んだ理由がある」者を100とした割合である(複数回答)。
出所:平成26年 患者受療行動調査(厚生労働省)
[**図6-3**] 外来-入院別に見た病院を選んだ理由(平成26年)

建物がきれい,医師が親切など自分で評価できる情報を合わせて医療機関を選択していることがわかる(図6-3)。主な選択理由は,図6-3より,外来,入院ともに「医師による紹介」が最も高く,外来で35.6%,入院で53.3%,次いで,「交通の便がよい」が外来で27.6%,入院で25.3%,「専門性が高い医療を提供している」が外来で24.0%,入院で25.1%となっていることが分かる。

私たちが医療サービスを受ける目的は,疾病や怪我の治癒である。この目的を達成するために,最良の医療サービス機関を選択すべきであることは言うまでもない。しかし,私たちは日常生活の中で医療サービスを受ける存在であるため,実際はその生活環境への影響がより少ない選択行動をとることになる。

3-2 医療消費者が活用する情報源

医療消費者の医療サービス機関に関する情報収集行動は,一般生活者と患者により異なる。藤原・野林(2004)の調査によれば,一般生活者の情報源は,

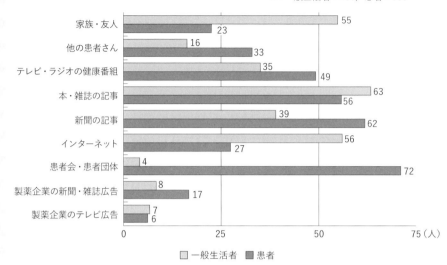

出所:藤原・野林(2004)

[**図 6-4**] 医療サービス機関の情報源(複数回答)

「本・雑誌」がトップ,続いて「インターネット」「家族・友人」が過半数を占める。一方,患者会に所属する患者では「患者会」を情報源とする回答が7割を超えてトップである。続いて「新聞」「本・雑誌」「テレビ・ラジオ」などのマスメディアが占めている。一方,「製薬企業の新聞・雑誌広告」,「テレビ広告」は一般生活者,患者ともに低い結果となっている(図6-4)。

　一般生活者と患者では,情報を収集する個人的な情報源が異なる。たとえば,患者は疾病状況や治療効果などのより具体的な情報を入手できる「患者会」,一般的生活者は「家族・友人・知人」が情報源となっている。また,マスメディアを情報源とする情報収集行動のうち「インターネット」活用に差が見られるが,ほかのメディアへの接触行動に大きな差は認められない。

　以上の結果から,医療サービス機関がより多くの医療消費者に情報を提供するチャネルとして「本・雑誌」「新聞」「テレビ・ラジオ」などが有効であることがわかる。

第4節 医療消費者の医療サービス満足

4-1 医療消費者の満足構造

　医療機関が非価格競争において，医療消費者から長期的な支持を得るためには，利用者の満足度を高めることが必要である（図6-5）。利用者の満足度には，利用者が受ける医療サービスの成果（治癒効果）が最も重要である。しかし，信用財の性質上，その成果をほかの医療機関と比較することは困難である。そのため次に重視されるのが医療サービスを提供する過程である。

　前田・徳田（2003）によれば，医療消費者は，医療機関従事者の言動，態度，行為などを医療サービス・プロセスの評価視点としている。患者は，信頼できる医師の評価として「医師とのコミュニケーション」を重視しており「医師が治療の選択に対し充分な情報を与えること」，「医師が分かりやすい説明をす

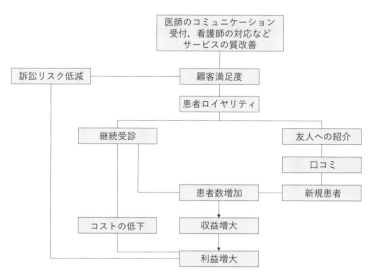

出所：前田・徳田（2003）

[図 6-5] 医療消費者の満足構造

ること」などを行っているかが重視されている。

また，医療消費者は医療機関が，消費者自身を中心に医療サービスを提供する環境が整っているかも同時に評価している。医療消費者にとって親身な医療機関と感じられることが重要である。

4-2　医療消費者中心の医療サービス

医療消費者中心の医療サービスとは，医療消費者の不安感を緩和し，医療消費者自身が自分の疾病治療に対し積極的にかかわっていくこと。また，医療従事者とのパートナーシップを築き，最適な治療を選択できる仕組みが機能する状況を提供することである。

このプロセスを実現するには，医療機関が次のことに組織的に取り組む必要がある。まず，医療従事者と医療消費者との良好なコミュニケーションを構築する人材育成のシステムが機能していること。次に，医療消費者の情報が医療従事者間で，情報共有されていること（クリニカルパス[v]の活用）。そして，医療従事者間で部門間交流の促進など，良好なコミュニケーションが実現されていることである。

これらの組織的活動は，サービス業全般で重視される後に説明するインターナル・マーケティングに通じるものである。

第5節　医療マーケティングの展開方向

5-1　医療機関のエクスターナル・マーケティング

医療でのエクスターナルマーケティングとは，医療サービス機関の利用対象者に向けて行われるマーケティングで一般的に使用されているマーケティングとほぼ同様の意味合いである。

前述したように医療消費者は，病院や薬に関する情報を活字媒体やインターネットを通して獲得している。また，医療消費者が医療機関を選択するためには，医療機関の存在を認知する必要がある。医療法の制約範囲内での広報活動は，医療機関が選択される重要な手段である。特に，すべての人が接触する情

報ではなく，興味のある人が自分で選択して得る情報ととらえられているインターネットでの情報の提供は，マスメディアによる広告活動よりも規制が緩く，ほかの医療機関との差別化を図る手段として有効活用することが可能である。

第三者機関からの評価を得て新聞記事等に紹介されることによるパブリシティ効果を狙うことも効果的である。

また，医療機関の場合，医療法によって施術や治療の効果を表現する広告活動が禁止されているため，ほかの医療機関との差別化を図る情報提供に限界はある。しかし，医療消費者が医療機関を選択する理由の上位に，「居住地の近隣にあること」「通勤圏内にあること」を挙げていることから，診療科，診療時間，所在地を認知させる広報活動は重要なマーケティング活動である。

5-2 医療機関のインターナル・マーケティング

医療でのインターナルマーケティングとは，医療サービス機関で働く人々の職務満足から医療サービス品質向上を目指す組織内マーケティングである。職場で働く自分以外の人をお客様と捉え自分がどのような言動をすればほかの人々の職務満足を高められるかを目指すものである。

医療機関が医療消費者の満足度を高めるためには，医療機関従事者の労働意欲を高め職場への満足感を高める必要がある。これは，第8章にて述べるサービス業界での職場環境における満足感が，お客様への心のこもったサービス提供へとつながることと共通している。医療機関従事者の職場への不満を解消し，働きやすい職場環境を創造することが求められる。たとえば，医療機関従事者の不満の中心は，過密な勤務体制と組織内コミュニケーションの不足によるものが多い。特に，医師と看護師とのコミュニケーション不足が看護師の不満感を高めている。このコミュニケーション不足を解消する手段の1つの方法としてクリニカルパスの導入は有効であると考えられる。こういった対策によって，過密な勤務体制やコミュニケーション不足が解消されれば，医療ミスを未然に防ぐことにつながり，結果的には医療消費者から支持される医療機関になるであろう。つまり医療機関が長期的に良い人材を確保し，医療消費者中心の医療を提供しうるためには，インターナル・マーケティングの視点が不可欠

であると考えられる。

5-3　医療機関の連携

　現在の医療体制は，様々な医療機関が相互に連携をとり，その相乗効果の最大化を図ることが求められる。2025年をめどに政府が進める高齢者の自立生活の支援を目的とした地域包括ケアシステムにおいても，地域住民の生活を支えるため，医療機関同士，医療機関と福祉施設，医療サービスと介護サービスなどが有機的に連携を図ることが望まれている。

　また，それぞれの医療機関が効果的に連携するためには，前方の連携（一般診療機関から急性期医療機関への紹介）と後方の連携（急性医療機関から一般診療機関への紹介）がスムーズに行われ，双方の連携組織に不満が生じないことが必要である。そのためには，地域の中核的な医療機関が連携組織とのカンファレンスを定期的に開催し，医療消費者中心の医療を実現するための方向と医療消費者を支援する体制を確認し，共通認識をつくりあげていくことが重要であろう。

5-4　セカンド・オピニオンへの積極的対応の必要性

　日本の医療機関では，セカンド・オピニオン[vi]が浸透していない現状がある（厚生労働省の平成23年受療行動調査によると「セカンド・オピニオンを必要としない」と53.3％の外来患者が回答した）。しかし，その一方で，セカンド・オピニオンを受けた患者の8割は，満足したと回答する状況がある。国はこの状況を憂慮し，セカンド・オピニオンを推進する姿勢として「病院で検査した正確な患者情報は，セカンド・オピニオンのために，容易に参照可能であるべきである」との政府見解を述べている。

　これからの医療サービス機関は，セカンド・オピニオンを医療消費者に積極的に進めると同時にセカンド・オピニオンを受け入れる体制を整備する必要がある。医療行為の情報公開性が進むことで，医療消費者が最適な医療行為を選択できる可能性を広げることにつながる。今後は，情報の公開性が高い医療機関が医療消費者の信頼を得る1つの基準になるものと思われる。

注

i 無形財とは，一般的にサービスを表す言葉として用いられ「無形性」「非均一性」「不可分性」「消滅性」「需要変動性」の特徴がある。

ii 医療消費者とは，医療機関にかかる患者のみならず医療サービス機関にかかる可能性のある人々を対象とするマーケティングの視点でとらえた言葉。

iii 信用財とは，サービスの購入後，あるいは消費後においてもその品質が正しく評価できるとは限らないため，提供者の権威などによって信用するしかない財を表す。

iv 病院の類型については，平成29年版『厚生労働省白書資料編』にて次のように説明されている。

「医療法においては，病院のうち一定の機能を有する病院（特定機能病院，地域医療支援病院，臨床研究中核病院）について，一般の病院とは異なる要件（人員配置基準，構造設備基準，管理者の責務等）を定め，要件を満たした病院については名称独占を認めている。また，対象とする患者（精神病患者，結核患者）の相違に着目して，一部の病床については，人員配置基準，構造設備基準の面で，取扱いを別にしている」。

また，病院の類型は以下の6つであると記載されている。

「・一般病院
・特定機能病院（高度の医療の提供等）
・地域医療支援病院（地域医療を担うかかりつけ医，かかりつけ歯科医の支援等）
・臨床研究中核病院（臨床研究の実施の中核的な役割を担う病院）
・精神病院（精神病床のみを有する病院）（対象：精神病疾患）
・結核病院（結核病床のみを有する病院）（対象：結核患者）」。

v クリニカルパスとは，治療や検査の標準的な経過を説明するため，入院中の予定をスケジュール表のようにまとめた入院診療計画書のこと。

vi セカンド・オピニオンとは，現在，治療を受けている医師以外の医師から，診断，治療方法についての意見をきくこと。

参考文献

河口洋行（2007）「わが国病院市場の競争形態に関する研究―わが国の病院市場における競争促進は「価格低下と品質向上」をもたらすか―」『医療経済研究』Vol.19, No.2, pp.129-144

経済産業省サービス産業人材育成事業（2006）「マーケティング」医療人材育成テキスト［Ver.1］

厚生労働省（2013）「患者受療行動調査概要」

藤原尚也・野林晴彦（2004）「意識調査に基づく医療消費者のエンパワーメントの

あり方」医薬産業政策研究所　リサーチペーパー・シリーズ　No.17
(http://www.jpma.or.jp/opir/research/rs_017/paper_17.pdf)
前田泉・徳田茂二（2003）『患者満足度—コミュニケーションと受療行動のダイナミズム—』日本評論社

Column. 患者を中心とするケアカンファレンス

　今後，さらに増加する見込みの要介護者高齢者への医療サービスの措置が過剰にならず適切に進められるために極めて重要な役割を果たすものが，ケアカンファレンスである。

　これは，患者を中心として，その家族，介護支援・医療サービス機関のそれぞれの担当者が，患者自身や家族が望む生活スタイルを維持するのに必要な医療，介護サービスの措置はどのような形で提供されることが良いのかについて，きめ細かく打ち合わせをする会合のことである。

　従来の要介護高齢者への医療サービスでは，患者さんやご家族の望む生活スタイルが考慮されることなく疾病に対する治療を中心とする医療サービスが提供され，時には過剰医療サービスが行われてきたことも周知の事実である。

　しかし，ケアカンファレンスを上手に活用することは，患者やその家族の生活スタイルの要望や介護サービスの支援のあり方を検討することにより，患者が医療サービスに過剰に依存することを減らし，より患者さん自身に望ましい生活スタイルを維持できる可能性を高めることとなる。

　このような要介護高齢者向けのケアカンファレンスを積極的に導入し，より適切な医療サービスの提供を実施している地域として尾道市の取り組みが注目される。

第7章

地域マーケティング①

第1節 地域マーケティング必要性の背景とその定義

　1990年代頃，社会経済や文化活動の中心が都市部へと集中し始めたため，かつて賑わいのあった地方都市の中心市街地から人々は流出し，全国的に地方都市の衰退と疲弊が懸念され始めた。たとえば，シャッターが閉まったままのお店が並ぶ活気のない商店街を見たことがあるのではないだろうか。それこそが，地域の衰退の象徴の1つだと考えられる。

　こういった状況を放置するのではなく，それぞれ地域独特の資源を見出し，地域自らが積極的に情報発信を行い再び地域へ人々が訪れ，さらに住む人が増えるような魅力的なまちづくりを実践し，地域を活性化しようとする考え方が地域マーケティング（エリア・マーケティング）である。

　つまり，始めにこれまで地域の人々が見過ごしてきた地域が保有する独自の資源を地域の人々で掘り起こし，次にそれは地域外の人々にも魅力的であるかを検討し，地域内外の人々に魅力的であると考えられたものを洗練し情報発信していく考え方である。その結果，地域の人々は地域に誇りを持ち，地域外の人はその地域の魅力に引かれて来訪する人々が増え地域経済に良好な効果を生みだすことになる。

　また，地域資源の掘り起こしをしても，地域内外の人々に魅力的なものが見出せない場合は新たな資源を地域に創造しそれを地域内外に情報発信することで

地域の魅力度の向上を図る方法もある。

では，具体的にこの地域マーケティングはどのように展開していくのか説明していこう。

第2節 都市ブランド戦略の展開

まず，都市ブランド戦略とはどのようにして展開していくのか，その仕組みを見てみよう。

2-1 都市ブランドの立ち上げ

都市ブランドの創生期には，市長が主導し地域の活性化に向けた協議会などを自治体や商工会議所などが中心となって立ち上げる。その組織では，地域への愛着が強い市民，地域の思いを表現できるプロデューサー，地域活性化に熱心な民間事業者，地域の歴史研究者，さらにそれを支援する議員などをメンバーとする限られた人々が中心となって都市ブランド事業の骨格を練り上げる。この際，協議会の運営事務局は自治体や商工会議所だが，主体は市民であることが重要である。また，この組織のファシリテーター（推進役）には，まちづくりに積極的な地元でも少し知名度のある元気印の人物に引き受けてもらうことが重要である。こういった人物は，必ずまちに1人は存在するので多少苦労してでも探し，迎え入れることが必要だ。

2-2 2つの体制とその注意点

次に，ファシリテーターを中心に形づくられる都市ブランド像の浸透と育成のため住民との協力体制の構築が必要となる。この体制は，次のように大きく2つのタイプに分類される。

◆**自治体を中心とした体制**

1つは，国からの補助金交付事業の受け皿としての組織を自治体が中心となって推進する場合である。この場合は，自治体がやりやすい形でのブランド事業を推進するおそれがある。つまり自治体に好意的な市民からの意見聴取（パブリックコメント）のみを行い，実質的には市民主体ではない形となってし

まうような場合である。そのため，この手法では多くの市民の賛同はおろか，ブランド創造事業自体への疑問が提示され強硬な市民による反対運動さえ生じかねない（図7-1）。

◆行政・市民の相互連携型の体制

もう一方は，ブランド創造段階から各地域ごとのコミュニティの代表者が参加し，協働して都市ブランドを育てようとするアプローチである。この場合には，参加者間にブランド化に対する温度差が生じたり，全体の動きが停滞したり緩慢になったりする危険性がある。それを回避するためには，企画立案組織

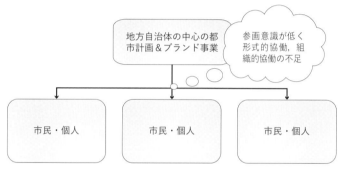

出所：筆者作成

[**図7-1**] 自治体中心の市民参画型地域ブランド戦略

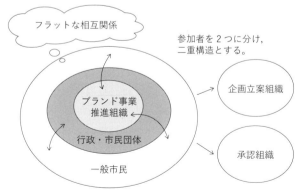

出所：筆者作成

[**図7-2**] フラットな関係の地域ブランド戦略

とその承認組織の二重構造を構築し，企画立案組織がエンジンとして全体を方向づけ，推進する力を有する必要がある。そして，この企画立案組織には，ブランド化に熱心な市民が含まれていることが不可欠である。この熱心な市民組織へ参加する人々のうち何人かが，承認組織にも組み込まれていて迅速な活動展開への承認を取り付け，ブランド化事業への参画者は常に一体で活動している印象を多くの市民に理解させることが重要である（図7-2）。

　以上に示した2タイプの，どちらの体制でもよいが，いずれにしてもそれが軌道にのり，都市ブランドを地域内の人々に浸透させていくことが，ブランド化戦略の最初のステップである。どちらのタイプの都市ブランド力の育成体制であれ，目指すべき目的は地域経済の活性化であり，地域内でのブランド活用の促進と地域外からの経済的利得の確保を可能にするための情報交流が必要である。

2-3　地域ブランド創造後の課題

　ここまでに述べてきたような，地域ブランド創造の段階までは，各地のブランド化戦略でスムーズな展開を見せているが，この創造されたブランドをさらに大きく成長させようとする段階で足踏みをする状況が続いており，認知率の向上やブランド推進者の増加といった次のステップへ進む具体的な方向性が見出せないという課題が明確になりつつある。この課題が解決されない限り，地域のブランド化が経済的効果を発揮する可能性は低くなる。さらに，この課題を解消するには，次の方向性が考えられる。それは，すでにブランド・イメージが確立している特産品などが存在している場合，その特産物製造業者と連携を強化し，特産品を生んだ土壌としての地域の価値を付加する方法だ。また，より広範な地域が好印象づけられるようなコンテンツを構築し，企業ブランドが地域ブランドの付加価値を牽引する方法である。つまり，現状の特産品のイメージを損なうことなく地域ブランドへの拡張を図ることが重要である。

　しかし，現実には多くの地方では，ブランドが確立した人気の特産品を保有することは少なく，多数の来訪者に足を運んでもらうこと自体が困難であるため，地域外の人々に地域ブランド独自のイメージを伝達する方法を見つけ出す必要がある。

そのためには，地域のブランド化を象徴する個性的製品や地域外からの来訪者を吸引するイベントなどを創造し，ブランドおこしのできるクリエイティブな人材の確保や組織の形成がまず考えるべき事項となる。

第3節 地域マーケティングの展開事例
―兵庫県伊丹市の地域マーケティング―

実際にどのようにして地域マーケティングは行われていくのか，ここからは伊丹市の事例を取り上げていく。

3-1 伊丹市の歴史

まず，地域マーケティングについて述べる前に，伊丹市の歴史や文化を紹介しよう。

古くは，摂津国の西摂と呼ばれていた伊丹市は，城下町としての歴史を持つ。江戸時代に，元有岡城の城下町である伊丹郷町は酒造業が発展し栄え，その酒造家たちを中心に伊丹風俳諧が流行した。そのため，文人墨客の往来も盛んであった。このような産業・文化の中で蓄積された文化遺産を後に収集した岡田柿衞は，多くの俳徊資料を所蔵し展示する博物館，柿衞文庫を開館した。

また，酒造業で栄えたまちを自衛するために酒造家たちが道場を始めた。この私設道場は，日本三大私設道場の1つである「修武館」の原型である。修武館は全国なぎなた連盟の本拠地であるため，伊丹市はなぎなたの中心地であるとも言える。

以上のことから，伊丹市は地域の特性を表現できる歴史的背景を有する都市であるとも考えられる。このような歴史を踏まえ，伊丹市は地域マーケティングをどのように展開していったのかを次に見ていこう。

現代の伊丹市は，自衛隊の駐屯地や大阪国際空港などを市域に有し国直轄の事業を支える都市でもある。しかし，大阪や神戸の衛星都市と位置付けられ，兵庫県の尼崎・西宮・宝塚・川西各市や大阪府の豊中・池田両市と隣接しているため，周辺自治体に埋没してしまっており，都市の個性と魅力を十分に発信できない状況が続いている。そんな中で，平成20（2008）年7月に国の中心市街地活性化制度の支援を受け，資金を得たため中心市街地のまち並みの整備を

実施した。これによって，昔ながらの歴史ある酒蔵との一体化を目的に郷町商店街が町屋風の造りへと改築され，この計画によって整備された伊丹酒蔵通り地区は，平成20年度都市景観大賞「美しいまちなみ優秀賞」を受賞した。

　この伊丹市の歴史・文化を感じられる美しいまち並みを舞台に，活性化と都市ブランドの浸透を図る市民と行政によって様々なイベントが展開され，伊丹市では賑わい溢れる中心市街地が形成されつつある。

3-2　伊丹市の都市ブランドへの取り組み

　ここからは，具体的に伊丹市が行った地域マーケティングはどのような取り組みであったか学んでいこう。

　伊丹市は，市民が誇れる伊丹の魅力を市内外に発信し，まちの活性化を図るため2006年度から都市ブランド戦略に取り組んでいる。都市ブランドは他都市との差別化を図るための取り組みである。その地域の良さをブランド化する

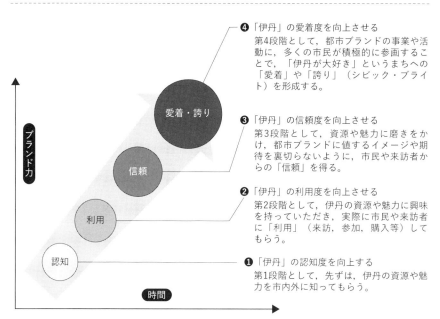

出所：http://www.city.itami.lg.jp/ikkrwebBrowse/material/files/group/3/10_03-2-3_soke5.pdf

[**図 7-3**]　伊丹都市ブランドの進め方

ことにより，交流人口の増加による経済的効果を発揮する。このためには，まず市民がまちへの誇りや愛着を持てるようにすることが基本である。この市民の思いが都市ブランド戦略の推進の大きな力となることから，市民や事業者，市が一体となって取り組めるように交流し連携できるような仕組みづくりが進められている（図7-3）。

伊丹市の都市ブランド事業では，歴史的背景と賑わいを大切にしている。たとえば，伊丹市は酒造家たちを中心とした伊丹風俳諧が流行し文人墨客が来往する交流拠点としての歴史を持ち「ことば」を大切にして来た歴史的背景を持っている。その歴史的背景をブランド化する方向としてことば文化都市プロジェクトが推進されている。また，賑わいを創造する企画として様々なイベントが開催されている。では，ここからそれぞれの活動の紹介をしていこう。

◆ **ことば文化都市**

伊丹市はことば文化都市を宣言し，2007年には文化都市プロジェクトがスタートしている。このプロジェクトの具体的推進内容として小学校では週1時間の「ことば科」，中学校には「グローバルコミュニケーション科」を設置し，専任の講師を市費で配置している。「ことば科」では俳人の上島鬼貫生誕の地としての特性を活かした俳句作り，地域の民話を題材とした表現活動に取り組むなど，子どもたちが豊かなことばを身につけるとともに，「ことば文化都市伊丹」の創造をめざしている。2006年度から市内の小学校17校中4校でことば科を実施し，2008年度以降は全小学校で実施されている。また，全中学校で実施している「グローバルコミュニケーション科」では，英語を使った日常会話やスピーチなど実践的な英語力の向上を目指した取り組みを推進している。俳句文化を有する伊丹市が俳句からさらに，ことば文化を大切にする様々な活動を展開することで，市民をはじめ多くの人々が心豊かに暮らせる社会づくりに貢献し，伊丹市の都市ブランドづくりの一角を占めている。

◆ **伊丹まちなかバル**

伊丹まちなかバルとは，伊丹中心市街地活性化協議会が主催し，中心市街地にある飲食店経営者約100名が中心となる実行委員会が，1年間に2回，ワンコイン程度で飲食可能なメニューをチケット制で提供し，街への来訪者を増やすイベントである。中心市街地に賑わいを創り出すことを目的に2008年10月

出典：伊丹まち未来株式会社 HP より

[**写真 7-1**] 伊丹まちなかバル開催用ポスター

出典：伊丹まち未来株式会社 HP より

[**写真 7-2**] 伊丹まちなかバル参加店舗一覧と来場者

出典：伊丹まち未来株式会社 HP より

[**写真 7-3**] オトラクの様子

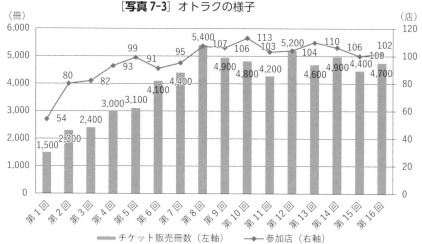

注：チケット売上げ冊数については，10の位以下は切り下げ。
出所：筆者作成

[**図 7-4**] 伊丹まちなかバル参加店とチケット売上推移

7日に初めて開催され，2017年10月21日には第17回目が開催された（写真7-1〜2）。

　このイベントは，運営事務局を伊丹まち未来開発株式会社が担い，イベントに参加するすべての店舗が実行委員を務め，伊丹市と伊丹商工会議所が支援する形で実施されてきた。毎月第三木曜日にイベントに参加する店舗関係者が集合する会議を開く。参加店舗数は，第1回目の開催時は54店舗であったが今では毎回100店舗以上が参加しておりほぼ倍となっている。また，チケットの売行きは増加の後に毎回安定した売上げと人出を保っている（図7-4）。また，別のイベントとして開催されてきた「オトラク」という音楽家がまちなかで音楽を奏でるイベントも同時開催することで，訪れる人々を増やす仕組みが組み込まれ，まちの賑わいを演出している（写真7-3）。

◆イタミ朝マルシェ

　イタミ朝マルシェは，中心市街地活性化協議会が主催し，「伊丹でみんなで朝ごはん」というコンセプトをもとに飲食店を中心として行われるイベントだ。朝マルシェには毎回約25店舗が参加しており，2012年から毎月1回のペースで開催されている。このイベントは，開催地である三軒寺前広場の恒例行事としてまちの賑わいを創り出している。また，市内の飲食店が提供する食べ物や手づくりのアクセサリーや野菜などの物販，音楽家の演奏，ワークショップなど楽しさを演出する工夫が随所に織り交ぜられており，多くの人々が訪れ

出典：伊丹まち未来株式会社HPより

[**写真7-4**] イタミ朝マルシェの様子

出典：伊丹まち未来株式会社HPより

[**写真7-5**] うちわ作りのワークショップ

るイベントに成長している（写真7-4～5）。

◆ **中心市街地の三軒寺広場でのイベントの開催と賑わいの変化**

中心市街地の象徴的存在である三軒寺広場では，まちの賑わいを創り出す空間としての役割を果たすため，様々なイベントが仕掛けられてきた。前述したまちなかバル，朝マルシェもこの広場にて開催されている。

開催イベントは2004年度は9件であったが，2006年度には10件，2009年度には15件，2014年度には19件と年々増加している。代表的なイベントとして，伊丹まちなかバル，いたみわっしょい（よさこい踊りの祭り），街コンイタミーツ，伊丹郷町屋台村など賑わいを創り出すイベントがある。それにともない中心市街地5か所における歩行者・自転車の平日と休日の合計通行量も変化した。2004年には6万8092人であった通行量は，2012年には7万5274人へと約10％以上増加している。このことから，確実にまちに賑わいが生れていることがわかる。また，住みよいまちとしても評価され中心市街地の人口も右肩上がりで増加している（図7-5）。

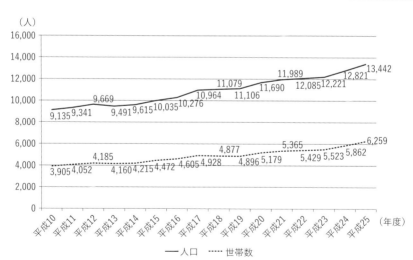

出所：伊丹市町・字別年齢別人口（住民基本台帳人口／5歳区分）より，中心市街地対象地区（西台1～5丁目，中央1～6丁目，宮ノ前1～3丁目，伊丹1～3丁目）の人口と世帯数をもとに筆者作成。

[**図7-5**] 中心市街地人口及び世帯数推移

◆官と産をつなぐ伊丹まち未来株式会社の役割と展開

　中心市街地に賑わいを創造する事業の事務局として，年間19件のイベント事業運営の主催者をサポートする中核的役割を果たしていた団体がNPO法人いたみタウンセンターである。このいたみタウンセンターは，2007年7月に中心市街地活性化法にもとづき，中心市街地における市街地の整備改善と商業の活性化を一体的に推進する事業を行うことにより，魅力あるまちづくりに貢献することを目的に設立された団体である。この団体の代表者は，市民団体から選出された文字通り市民の代表者であり，市と商工会議所からの事業補助金と自主財源を合わせて運営事業費として活動していた。市と市民と産業の連携を図ることを狙いとしているため，団体役員には市と商工会議所の職員が参画している。

　いたみタウンセンターは，中心市街地の各種の事業を推進するエンジンとして機能するとともに，行政や産業界からの協力を得やすい組織形態となっており魅力的なまちづくりを進める理想的な団体であった。しかし，自律的な活動団体としての経営基盤が脆弱であり，事業運営費の3分の2を補助金に依存していたため，この体制から脱却することが望まれた。そのため，いたみタウンセンターと同様にまちづくりを支援する事業者として設立された伊丹都市開発株式会社（当時は主に駐車場管理による収益事業の実施で，まちづくりに関する事業を展開していなかった）と組織的に合流し，現在は伊丹まち未来株式会社として伊丹市を盛り上げるための活動を行っている。

第4節　地域マーケティング推進における問題

　ここまで見てきた中心市街地を中心に進められている賑わいを創出するそれぞれのイベントは，ある程度の成功をおさめ，多くの人々が訪れるようなまちなみに変わりつつある。しかし，非日常的なイベントの効果が日々の商店街の売り上げなど，日常の経済活動に連動していないという問題が残されている。

　しかし，その一方で積極的に事業者の人々が参加している「伊丹まちなかバル」のようなイベントを通して，異なる商売の人が共同して新しい事業を立ちあげようとする動きもあり，新たなビジネスチャンスを提供する機会にもなっ

ている。

　今後は，伊丹市と市民，事業者が行ってきた様々な都市ブランド創造事業がより広く浸透するための情報発信として，インターネットやSNSを活用した海外向けの情報発信を行ない，大阪国際空港の利点を生かし海外からの来訪者を募ることも重要となる。そのためには，次のような仕組みや取り組みが重要であると考えられる。

- 自治体が都市政策において建物や道路などを整備し，まちの賑わい創出は行政と市民団体と事業者が一体となって活動できる組織が存在すること。
- 新しい取り組みを推進する組織は，相互連携型の関係であること，そして新たに取り組みかかわる企画・運営に至るまで，すべての人々が参画できる実行委員会で進めること。
- 都市ブランドの浸透には時間がかるため，都市に居住する人々が身近に感じ誇れるように地域性を活かした日々の活動をすること。

　つまり，地域マーケティングで重要なことは，地域の中核となる市町村の首長のリーダーシップ，行政，市民，事業者が対等な立場で意見交換できる組織，外部からの助言を受け入れる仕組みづくりである。

　また，それと同時にその組織にまちの元気印の人を必ず参加させることであり，地域マーケティングは行政，市民，事業者が一体となって推進されてはじめて成功するのである。

参考文献

　木戸啓仁・滋野英憲ほか（2010）『地域産業とマーケティング』九州学術出版振興センター

　土井勉・柏木千春ほか（2014）『まちづくりDIY―愉しく！続ける！コツ―』学芸出版社

　野長瀬裕二（2011）『地域産業の活性化戦略―イノベーター集積の経済性を求めて―』学文社

　三谷真・滋野英憲・濱田恵三・TMネット編著（2009）『都市と商業―中心市街地再生の新たな手法―』税務経理協会

Column. 地域独自の魅力度向上を考えてみよう

　ブランド総合研究所が，2006年から毎年，地域ブランド調査に基づく地域魅力度ランキングを発表している。この地域魅力度を測定している測定項目は，「認知度」「魅力度」「情報接触度」「居住意欲度」「観光意欲度」「産品購入意欲度」「訪問率」「イメージ想起率」「地域資源総合点」の11項目であり，それぞれの項目が複数の質問で構成されている。

　これらの項目を見る限り，全国的に著名な市町村が高得点になる仕組みである。

　これでは，まだあまり全国に知られてはいないが特定の地域では非常に魅力的になったと思われている市町村が上位のランキングに入ることは困難だと思われる。

　あなたの住んでいる地域の魅力度とは何かを問われたとき，私たちは自分自身が生活する地域の魅力を上手く表現できるだろうか。

　また，去年よりも今年，今年よりも来年はもっと魅力的な地域になりそうな潜在性の高い地域を表舞台に登場させる方法はないものだろうか。

　地域の魅力度を他都市との相対比較ではなく，地域毎に時系列で地域の魅力度をとらえ，その伸び率を競うランキングがあっても良いのではないだろうか。

　地域の魅力には，住んでいる人にしか分からないコトや地域に住んでいる人が見逃しがちなモノやコトがある。私たちは，まず始めに地域内外の人々が感じる魅力とは何かを整理し，それらの魅力を「見える化」する形にする必要がある。

　地域の魅力度の向上が目に見えて確認できる地域独自の指標を作成し，それを居住している生活者に評価してもらう仕組みがあれば，より住みやすい魅力的な地域になっていくのではないだろうか。

　ほかの都市との競争は，その後で考えても良いのでは。

第8章

地域マーケティング②

第1節 地域のブランド化が注目される背景

　第7章の中でも述べた地域ブランドがなぜ地域活性化につながるのか，本章では地域ブランドについて詳しく述べていこう。

1-1　地域活性化のための地域ブランド

　国が主導する財政政策に依存する地域経済の体質転換を図るため，地域経済を支える中小企業経営の活性化を通して地域経済の自立を目指すことを狙いとする政策の一環として，地域ブランド戦略が中小企業庁，日本商工会議所などを中心として全国的に推進された。2006年には商標法の改正による『地域団体商標制度』が導入され，地域の経済活性化効果を期待して，多数の地方自治体が積極的に地域のブランド化に取り組んでいる（特許庁によると，2017年9月30日時点での地域団体商標登録案件は617件）。

　また，地方自治体がそれぞれの地域特有の資源を活かしてブランド化に取り組むことは，地域経済を活性化させる1つの誘因となると同時に，地域コミュニティの結びつきを強化する，それぞれの地域が目指す理想像ともいうべきアイデンティティの表象（シンボル）ともなるため，地域全体が活性化へ向けて協働することにもつながるものと考えられる。

　つまり，地域のブランド化は，地域経済を活性化させる長期的戦略課題であ

ると同時に，その過程においては地域の喫緊の課題解決へ住民の意識を向けさせるための手段となる可能性をも秘めている。

1-2　世界の都市ブランドとその背景

　この地域ブランドが経済効果を生むためには，世界有数の都市ブランドが構築された背景やブランド力の効果についての研究などを参照することも重要であろう。たとえば，都市ブランドが成立しているそれぞれの都市は個性的であり，パリはナポレオンなど皇帝を中心とする権力者の趣向性，ミラノはレオナルド・ダビンチの影響，ニューヨークはウォール街を中心とする経済と金融の中心，ワシントンは政治権力の象徴であるホワイトハウスの存在，東京は現代企業の本社機能の集中化，バルセロナはアントニオ・ガウディの作品などの歴史や文化，また，時には突出した人物の存在といった個性的な背景と不可分な形で自然に築かれてきた。この都市それぞれのイメージがブランド化（人々の心象に差別的優位性が構築された状態）され，現在も定着していると言える。これらの都市は，世界中の人々の消費や観光といった行動にも影響を与え，それらの都市への来訪と消費を促し経済効果を享受している。

　ただ，これらの都市では，具体的なブランド戦略を意識的に展開してきたと思われる形跡は認められず，むしろ，それぞれの都市の成立の歴史にその源泉がある。「世界的に有名な都市は，政治を行う中心地として誕生し，その後の人々の交流にともない衣食住や遊びなどの文化的要素が形づくられ，継承されてきたという共通の歴史を有する」と小川孔輔は自身の講演会にて述べている[i]。

　つまり，都市空間の中で時間的経過とともに来訪者に刻まれていく歴史的で象徴的な事象が浸透するとともに，時にはメディアによる断片的な都市関連情報がその都市のイメージを強化している。これらの相互作用が都市全体のイメージとして多くの人々の印象に残り，多くの人々に流布され，地域外へイメージが浸透しそれが地域内に還流し居住する人々がそのことを認知するようになる。その結果，都市の居住者はそのイメージに誇りを感じ，イメージに沿う行為現象が表れることで，さらにそのイメージが再生され長期的にその都市のイメージがブランドとして継承されているものと考えられる。

これらの都市は，長期間にわたる都市の外部からの評価が都市居住者に浸透し，都市ブランド力を発揮させる基底を構築することを実証しており，外部からの高い評価（憧れや魅力）が地域のブランド化には，不可欠な要素であることを再認識させてくれる。

　世界的な都市ブランドは，その地域の資産価値を高め，その地域にかかわるものすべての物事に付加価値を付与し他地域よりも多くの経済的利得を生じさせている。

　このような都市のブランド力がもたらす経済的効果を地方自治体も期待し，地域のブランド化を促進する取り組みが進められている。

第2節　地域のブランド化の必要性

　地域のブランド化への取り組みは，自然に形成されたブランド力のある都市とは異なり，地域のアイデンティティを意識するブランド創造でもあり，地域の経済的豊かさの実現だけではなく地域にかかわるステークホルダー間の紐帯意識を高め，強固な地域自治確立の可能性を目指すものでもある。

　地域ブランド化を行う目的の重点に短期的な経済活性化をかかげる場合，標的市場となる外部からの高評価を短期間に得ることが不可欠である。そのため，地域特性や個性が乏しく知名度の低い地域にとって，短期間での活性化は容易ではないという厳しい現実が存在する。

　このように，厳しい現実に直面しながらも地方自治体が新たな地域の力を創造する必要性に迫られている背景の1つが，集中と選択方式による地方交付税の見直しによる公共事業費の削減である。2つめは，都市部への産業集積の過度の集中化による地方経済の疲弊である。働く場所がなく，生活が不便な場所から脱出する人々も増加し，限界集落が増え続けている。

　同様に，否応なしに推し進められた行政改革や規制緩和の拡大は，地方分権の名の下による地域切り捨て，労働市場における非正規雇用者の増大を引き起こし，市場競争原理への過剰な適応意識は，社会的弱者をさらに追い込み，生活困窮者を増大させる結果を招いている。

　このような流れの中，力を失っていった地域に対し地域経済の活性化を目指

す全国的な政策展開の1つとして，地方都市の中心市街地再生を目指す中心市街地活性化法にもとづくまちづくりが進められ，2017年までに141市212計画が進められている。

しかし，こういった政策は政府からの巨額な融資に依存する地方都市の体質を継続させ，自立する活力を失わせる可能性も秘めている。このような実態の中で，今後成長する地域に変貌するために必要な要因は何かについての検討を進めることで，新たな自立型の地域活性化プロセスの提示を試みることが必要である。そして，この過程が継続的に展開される仕組みづくりの一環に，地域のブランド化が位置づけされていることが重要であろう。

衰退が著しい地域経済の活性化を図ることは容易なことではない。しかし，厳しい環境下における地方自治体独自の経済活性化は急務の課題であり，新たな地域の生き残り策として，安定的な収益性の高さが期待される方法が探索されることも当然であろう。その1つの方法として，地域の付加価値を高めその付加価値の増大がもたらす安定的な収益性の確保を可能とする企業ブランド・エクイティ（ブランド資産）戦略への注目が集まり，地域活性化の旗手としてのブランド戦略への取り組みが各地で進められている。

各地域では，企業のコーポレートブランド戦略を学び，それをベースとしてそれぞれの地域特性に応じたブランド創造・ブランド浸透・ブランド管理・ブランド拡張の手法を駆使した地域活性化策が検討されている。

第3節 企業のブランド戦略から学ぶべきポイントとは

企業が提供する製品やサービスのあらゆる分野でコモディティ化が進み，製品やサービスの本質的差異を消費者が認識できない状態にある。このような状況は，地方交付税に依存し公共事業を中心に地域開発を行なってきた都市間競争でも同様な状態が生じている。

しかし，同じ環境下でも消費者の圧倒的な支持を得る差別化された企業ブランドが存在する。このような企業ブランドがどのように創造され浸透してきたかを学ぶことで，地域のブランド化を成功させるヒントが得られるだろう。

3-1　企業のブランド戦略の変遷

　企業におけるブランド戦略は周期的に着目されるテーマであり，近代企業の創成期（19世紀の終りから20世紀初頭）にはP&G社が開発した水に浮くアイボリー石鹸やフォード社のT型フォードなどが注目された。製品差別化戦略の一環としてブランド化が推進され，革新的な製品は，単独で企業イメージを形成するブランド力を誇っている。

◆革新的な製品

　P&G社では，石鹸槽係の撹拌機のスイッチの切り忘れから，石鹸に0.56%の不純物（空気）が含まれたために水に浮く石鹸ができあがったにもかかわらず，その石鹸にアイボリー石鹸と命名し，不純物への逆転の発想から「99.4%の純度を誇る水に浮くアイボリー石鹸」とのスローガンを掲げるとともに新聞広告を行うことで飛躍的な成長製品に育てあげた。

　また，フォード社では，低価格（技術革新）のT型フォードを提供することで人種や社会的地位にかかわらず誰もが自由に道路を走り回れる権利を提供する（自由を獲得できる）民主主義の申し子のような製品としてT型フォードを位置づけ，自動車市場の5割近いマーケットシェアの獲得に成功している。

　以上のような，多くの顧客層に受容され指名購入されるブランド力を構築してきた製品は，技術的な優位性と同時にマーケティング・コミュニケーション戦略においても印象的なスローガンを掲げ，適切なコミュニケーション・ツールの選択を行ってきたことが理解される。

　つまり，製品ブランド戦略の成功の背景には，効果的なマーケティング・コミュニケーション活動の実績が認められ，比較的伝達が容易な革新性の高い製品価値であれ，それをさらに強化する重層的なコミュニケーション（たとえば，フォード社は，低価格と民主主義の先駆者のイメージを訴求）の仕組みが築かれてきた。

◆企業ブランドの構築：ブランド・エクイティ

　また，近年では1991年にカリフォルニア大学のデービット・アーカー（David Aaker）の著書 *Managing Brand Equity*（邦題『ブランド・エクイティ戦略』）にて提唱されたM&A（合併・買収）における企業ブランド・エク

イティ（ブランド資産）の評価概念（パワーブランドには，製品販売において同一の他社製品よりも余剰利益がもたらすため目に見えない資産価値がある）を契機として，マーケティング領域での研究が多数輩出されブランド戦略（創造・浸透・管理・拡張）が企業の経営戦略の中核テーマとしてここ数年取り上げられてきた。

企業ブランドの構築によって，製品ブランドよりもその伝達すべき価値の抽象度は高まり，伝達すべき明確なコンセプトの構築，魅力的なコンテンツの作成，効果的なメディア・ミックスの構成など，より効果的なマーケティング・コミュニケーション戦略の展開が可能となる。

◆エクスターナル・マーケティングとインターナル・マーケティング

この企業ブランド戦略には，顧客に対する良好な企業イメージを伝達するエクスターナル・マーケティングの要素と同時に，従業員の仕事への意欲を高揚させる（CI戦略と同様に）インターナル・マーケティングの要素も包摂されている。

インターナル・マーケティングの成果は，主にサービス産業界で認められ，企業イメージの向上とともに従業員の価値観の共有や意識の高揚が図られ，ノードストーム（アメリカ小売業のサービス・ナンバーワン企業）で働く喜び，スターバックスに勤める喜び，ディズニーランドのキャストとして働く喜び，リッツ・カールトンホテルでホテルマンとして働くことへの誇りなど企業のブランド・イメージと従業員のアイデンティティが融合し顧客満足度の高いサービス事業を展開されている。

地域のブランド化においても，地域外への積極的な情報発信と同時に，地域内の人々のアイデンティティとして地域ブランドが浸透し，地域ブランドのために協働することへの喜びや誇りを感じられるような諸活動との関係性の構築が重要となる。

◆インターネットの活用

また，著しいメディア環境の変化としてインターネット環境の浸透と高度化が，各企業への実用的な販売チャネルを提供する機会として認識され，新たなネット上におけるブランド創造，浸透，管理，拡張などへの関心が高まりつつある。地域ブランド化においても，地域間での競争優位が競われることを考慮

し，ほかの地域よりも優位に地域ブランドを展開するためには，その浸透を図るツールとしてインターネットを効果的に活用することも望まれる。

　産業界におけるブランド戦略万能論の喧騒は15年間続き，2006年ごろには一段落し，企業におけるブランド戦略も落ち着きを見せ始めた。ところが，この産業界の動向が，閉塞感の打破を目指す国家レベルの戦略として2004年のJAPANブランドの旗揚げを後押し，それに追従する形で地域のブランド化戦略の展開が積極的に推し進められているのが現状である。

　つまり，伝統的な技術力や製品力の高さを象徴するシンボルとして形成され時代を超えて支持されてきたパワーブランドが，企業にもたらしてきた資産価値増強のプロセスを表層的に地域経済活性化へ移植する試みが展開されていると言えよう。

　では本来，ブランドという言葉を御旗とする経営戦略には，どのような役割と機能を果たすことが期待され，何故これまでにも周期的に注目されてきたのであろうか。その詳細は第9章に譲るとして，ブランドは，自社の製品やサービスの価値が競争他社のものとは異なることを表す記号や象徴でもある。また，消費者にとっては製品やサービスを評価し，記憶や想起することを容易にする役割を持っている。

　つまり，魅力的なブランドの力を醸成した地域（地域名称自体へ高い評価が確立）の経済は活性化し，地域に経済的豊かさをもたらすことが期待される。

3-2　地域ブランド化への援用

　地域ブランドが魅力的なものとなるために，前項で述べてきた企業ブランド戦略の成功要因から学ぶべき点もある。それは，標的市場に対して設定したブランド・コンセプトが明確であることを前提条件とした，①ブランドが冠される製品やサービスの品質には差別化が認められること，②ブランド表現には記憶されやすく想起しやすい仕掛け（マークやロゴなどの）が工夫されていること，③ブランドへの熱心なファン層が存在すること，などである。

　このような状態を創造するため，地域間競争を優位に展開するブランド力の育成を目指した地域活動が，現在の日本全体に広がる地域ブランド化のブーム

である。ブームである以上，本質論から逸脱した形態模倣型（スローガンとしての掛け声型）の地方自治活動なども見受けられる。しかし，どこかに糸口を見つけ地域独自の魅力の拡大による競争力の強化（域内における地場産業の需要拡大や域内への流入人口の増加などよる経済）を進めるためには，①企業ブランド戦略の具体的な展開と同様に，②その事業の革新的な領域を好ましく印象づける明確なコンセプトの形成（標的顧客層の絞り込み，顧客層の知覚マップに基づくブランド・ポジショニングの設定），③その内容を抽象的なイメージで伝達するための際立ったマークやロゴなどの開発，④象徴的な地域の顔であるトップによるセールス，⑤地域ブランド品の流通経路の確保（駅構内，高速道路サービスエリア，空港など有料施設内販路）などのマーケティング活動が重要な役割を果たす。

さらに，企業のマーケティング戦略では考慮されない，⑥ブランド創造と浸透が地域住民との協働で展開されること，による地域コミュニティ機能の再生は，企業のブランド戦略から学ぶ経済的なメリットと同時に地域住民同士の協働環境が築かれる仕組みの大切さを再認させる。地域内に浸透しない地域ブランドの生き残りは不可能である。さまざまな地域の特性を踏まえた活性化策を模索し，地域内外への積極的な情報発信（外部から高い評価を短期間で得られる簡易な仕組みづくりの探索）と多様な他地域との交流促進による販路確保，地域内の紐帯意識の向上を目指す本質的な地域ブランドに関する議論を深め，この枠組みによる地域経済活性化への成果の実現を目指す試みが極めて肝要であると思われる。

そのためにも，地域ブランド化戦略の議論でこれまで話題とされる機会が少なかったマーケティング戦略の基本的なプロセスへの回帰思考が必要なのではないだろうか。つまり，地域ブランドの標的市場の設定，その市場における競争環境の把握，競争優位なブランド・ポジショニングの設定，標的市場に密着できる競争優位な資源配分の可能性などを再考する地域ブランド論の展開が必要となるだろう。

第4節 地域ブランド化の基本的な考え方

　コトラー，ドナルド・ハイダー（Donald Haider），アーヴィン・レイン（Irving Rein）らが *Marketing Places*[ii]（1993）の中で，疲弊する地方都市が再生する1つの方向として，その地域自体が経済利得を生む「場」へと変貌を遂げる必要性を説き，マーケティング手法を導入した地域自治体活性化の方途を描いてからおおよそ15年が過ぎようとしている。当時，アメリカ社会では，大都市圏の地価の高騰にともない大企業が大都市圏から周辺の中小都市へと移転し，大企業に取り残された大都市圏が疲弊し，人口が最盛期の5割程度になるようなクリーブランドのような都市も生まれていた。アメリカでは，大都市の再生が喫緊の課題であった。これに対し，わが国における地方都市の疲弊は，都市の存続を危うくするほどの大幅な負債をかかえ，立ち行かなくなるケースも生まれるなど地域と都市の規模による都市間の経済的豊かさの格差は徐々に拡大している。

　東京，名古屋，大阪などの大都市圏には人口と資金が集中し，希少化するスペースによる地価の上昇や人材交流から生れるシナジー効果による「知価」の創出は，投資効果を高め更なる資金を呼び込む好循環が生まれている[iii]。しかし，これまで国からの支援（地方交付税など）に依存してきた地方都市は，国からの支援が削減されるとともに疲弊する姿を浮き彫りにし，自活する方途を見失い（地方債権団体の認定を受ける）迷走する実態も認められる。このような地方や地域経済を立て直し再び活性化させること（内需拡大）は国全体の活性化にもつながり，国威を強め，外交政策を優位に進めることを可能とする。そのための基盤を整える働きが地域ブランド化にはあると思われる。そしてそれは，従来の国からの支援に依存しきってきた地域自治体の体質を自立型へと転換させていくことが，地方都市に生じている構造的疲弊を解決していくべき急務な課題であり，今後さらに推進されていく地方自治を確立させるための基盤づくりともなる。

　地域のブランド化による地域の自立と経済の活性化を実現していくためには，まず初めに①過去から現在に至るまでの経緯を時系列分析などを通してそ

の推移の実態（人口動態，事業所数変化，年間商品販売額など地域の経済活動結果を示す指標の活用）を把握すると同時に，②ほかの地域との比較分析による相対的なポジションを見極める必要がある。地域の現状を把握し相対的ポジショニングから，③今後の目指すべき方向と目標を定めることが重要となる。その内容とは，たとえば近隣地域との連携によりシナジー効果を高め，広域的な経済活性化を目指すこと，または近隣地域との明確な差別化を推進しオンリーワンの地域を目指した活性化を図るべきこと，などである。

目標が定まったら，④今後の地域活性化の目標と現状との乖離を分析し，そこから導出されたものが解決すべき課題である。課題解決のための行動指針を策定し実施していく主体は，従来の考え方では地方自治体を中心とする行政の役割である。しかし，特に地域のブランド化については，⑤今後その地域のステークホルダー（関与者）であるすべての人々が，地域の経済活性化に向けての活動に主体的に参画できる仕組みを構築し，その活動の成果が地域に還元される循環型の活性化システムが定着していくことである。そのための第1ステップとして，地域のステークホルダーの地域への強い思い（地域への愛着と定住志向とシビック・プライド）を育て上げる仕組み[iv]が必要となる。

第5節 地域ブランド化戦略のプロセスと成功要因

5-1 地域ブランド戦略のスタート・アップの前提条件

ジョン・リトル（John Little）は，企業のブランド戦略を成功裏に導くためには，ブランド戦略のアプローチによる潜在的ベネフィットを理解する上司，論理的な発想になじんだマネジャー，企業経営のトップの「3つの傘」が不可欠であると指摘している（Little, 1975）。

これを地域のブランド戦略に適用して考えると，地域ブランド化の企画や予算計上，組織編制を牽引する行政の担当者（上司），組織運営の中心となるファシリテーター（ブランド・マネジャー），企画や予算の承認機関である議会や市長（企業のトップ），が三位一体で取り組むことが成功への必要条件といえる。

本来，地方自治体や議会は，行政区域内に居住する人々の公益の最大化を図ることを責務とし，公平で公正な事業を展開することが求められる。地域ブランドの創造は，地域の付加価値向上に寄与する働きを目的としており，同一行政区間内に不利益が生じることは考えにくく，多くの人々の付託を得やすい事業であり，ほかの事業との関連や優先順によりその活動規模や範囲は限定される。

　地域のブランド化を志向する場合，ブランド化を図ることに関連付けて解消されるべき喫緊の課題が含まれていることが必要である。地域のブランド化は長期的に実践されていく活動であるため，理想的な姿を描きその目標に向かって継続的に努力を重ねていくことが重要となる。つまり，ブランド化のプロセスが強力な推進力をともなって継続されるためには，それを牽引していくだけのそれぞれの地域特有の喫緊の具体的な課題解決が志向されていることが必要であり，喫緊の課題解決が含まれない場合は，ブランド化の活動への地域の人々の意識は希薄化し，次第に熱心な協働への参画を得ることは難しくなり，その効果を得ることは困難となる。

　喫緊の課題解決とブランド化を融合することが地域住民へのブランド浸透につながり，これがブランドを継承させていくための地域ブランドの特徴でもある（例：独居高齢者の生活状況に目配せをするボランティア事業の名称に，その地域ブランド名やロゴを使用することにより連携を図るなど）。

　では，組織のつくり方やメンバー選定などについては，第7章で詳しく述べているので省略し，ブランド化の継続的活動について述べていく。

5-2　地域ブランド化の継続の仕組みづくり

◆トップセールスの活用

　品質水準で他地域に対する競争優位を確保できる特産品は存在するが有効な情報発信が行われないために地域外に浸透せず経済的利得が生じていない地域の場合，地域のトップセールスによる販路開拓などの営業力による地域ブランドの拡張も必要となろう。

　知られている事例としては，著名人が地方自治体の長となり，個人的名声を背景に地域の良好なイメージを伝達し，地域外の人々の関心を引き込むことな

どが認められる。まさに，地域外からの支持が命綱であり，地域内にそれが還流する仕組みを作り上げることが不可欠である。

◆**住民の活用**

全国的に有名な特産品や注目される文化施設やアミューズメントパークの存在などといった他地域に対する絶対的な競争優位を築けない地域が，地域外に地域ブランドを浸透させるためには，地域内の人々が自己のアイデンティティの一部として，そのブランドを育てていく仕組みが必要となる。具体的には，地域ブランドを表象する商品やサービスを自ら積極的に活用し，花見酒のような行動を繰り返し，地域ブランドの価値を地域外に浸透させる努力を図ることである。

◆**コミュニティとの連携**

この仕組みを形づくるためには，地域ブランドを創造する小規模な組織の編成とそこで築かれるものを広げる組織との連携が必要となる。創造されるブランドの拡張を担う組織として望ましいと考えられるものとしては，小学校区単位に組織化されるコミュニティや市民活動団体などがあり，それらの人々との連携が考えられる。

メンバー間の良好な関係性が維持され，地域コミュニティとの関係性を深め，組織としての地域ブランドへの支援を取り付けるとともに，個々人の居住者がブランド戦略に参加支援できる仕組みを整えることも肝要である。その例として，市民参加型のイベントの増加を図ることも一案ではあるが，それは思いの外一過性であり，あまり長期的効果が期待できないのが現状である。

◆**シビック・プライドの醸成**

地域のブランド化は，影武者として行政が主導して進めている政策課題であると同時に，地域に生きる人々の生活環境の向上にその目的が集約される。地域のブランド化の成功は，地域に生きる人々が積極的にそのブランドを活用すると同時に，地域外の人々にそのブランド価値の高さが評価されその成果がフィードバックされて，地域の人々の誇りを育むサイクルをつくり出すことである。そのためには，地域ブランドを象徴する製品やサービスの質の高さや他地域との明確な差別化が図られていることはいうまでもなく，それを浸透させる力としての地域に生きる人々の地域への強い思い入れや地域外への情報発信力

も不可欠な要素なのである。地域への思い入れは，地域を育むシビック・プライドという形で表現され4つのL（Like to local, Love to local, Live with local, Life for local）の段階を経て強化されるものと考えられる。地域内外との情報交流の促進やブランド・プロモーションを強化する循環型の地域ブランド化チェーンを構築することを目指すべきである。そのためには，地域内外へ地域ブランドの価値を効果的に伝達するマーケティング・コミュニケーション戦略を企画・実践し，その効果が検証できる仕組み[v]を考慮することも必要となろう。

第6節 塩尻市のブランド・コミュニケーション戦略

　ここから，効果的なマーケティング・コミュニケーション戦略をもとに地域ブランド化を進める塩尻市の事例を見ていこう。

　塩尻市は，「地域間競争において市力を向上させ，他地域よりも優位に立つためには，市外の人々が，塩尻の資源を購買するのをはじめ，直接的に訪問し，塩尻ブランドの真髄を肌で体感し，またその魅力を知り，この地において暮らし，新たな知を創造する仲間になってもらうことが必要である。」と述べている。この一連のプロセスを構築するため，外部のステークホルダーとのコミュニケーションについての戦略である外部コミュニケーション戦略においては，塩尻市の魅力を十二分に伝えるために，最もそれを体感しやすいイベント等を中心に，市場における塩尻市の認知度・イメージ向上と浸透を図ることを狙いとするものとして，6-1より述べるような企画が策定された（塩尻市，2007）。また，地域ブランド化の効用の最大化を目指す観点から，地域ブランド論の本質である地域への紐帯（地域への愛着と誇り）と活性化（地域活動への協働）を図ることを狙いとする，地域内へのコミュニケーション戦略（内部コミュニケーション）が個別に策定されるなどし，地域内への積極的なブランド浸透を意識していることがうかがえる。

　この戦略を成功裡に導くには，自治体が主導する場合であったとしても地域のブランド創造は地域の人々が中心となり，自由闊達な議論を重ねて実施される仕組みを工夫することと，それぞれの戦略内容への優先順位とリンケージが考慮された形で実践されていくことが重要であろう。

ここから，塩尻ブランド創造に関する外部コミュニケーション，内部コミュニケーションの各ポイントを述べていく。

6-1 「塩尻ブランド」外部コミュニケーション戦略

◆ 地域資源の強みをPR

塩尻市の資源のすばらしさを体感させるために，市外向けに塩尻Cuisineと称した塩尻の地域食材とワインで独創的な料理を開発して提供した催しやキャラバンなどを行う。市内向けの塩尻Cuisineが市民における地域ブランド資源の再認識や意識づくりの側面があるのに対して，市外向けの塩尻Cuisineは，マスコミや著名人など向けに行い，塩尻ブランド資源の優秀さをプロモートしてもらうことを主な目的とする。また，この塩尻Cuisineはブランド戦略初期に行われたものであり，今はこの催しにして市内外に良さを再確認されたワインや食材を扱ったイベントへ変貌を遂げている。

◆ トピックスづくり

全国でも最先端の地域ブランド戦略を展開する場所として，地域ブランドに関する研究や取り組みの情報を集約させ，学会やシンポジウム等の開催を通じて，再度，全国に発信する場所とする。そうすることで，常に塩尻市から地域ブランドに関する話題（トピックス）が提供される仕組みを構築する。

◆ 観光を活用した塩尻ブランドの宣伝

観光側面においては，既に観光振興ビジョンが策定されている。そのゲートウェイシティ構想は，「知の交流と創造」を掲げた塩尻『地域ブランド』戦略とも重なる部分が多い。そのため，歴史・文化・自然資源，たとえば，日本三大縄文遺跡のひとつである「平出遺跡」の活用をはじめとして，分水嶺や宿場町，多くの自然資源（水や森林）などのブランド価値向上に関しては，観光ビジョンの事業を具体的に進めることで実現を図る。

6-2 「塩尻ブランド」の内部コミュニケーション戦略

◆ 広報

市民が，塩尻ブランドの取り組みに接触する機会を増加させる。本市の広報を活用し，定期的に情報を提供する。また，塩尻インターネット加入者に対す

るメールマガジンなどの発行も検討する。職員の塩尻ブランドに対する知識や関心を高めるために職員研修なども併せ行う。

◆購入機会の提供

地場産品が購入できる機会を増やす。市民が消費しない地場産品は市外の市場に流通することはない。そこで，市内において地場産品の流通を促進させる。市内店舗において地場産品の販売の拡充を促すほか，塩尻駅および駅周辺の活用検討，市民交流センターの活用などを検討する。

◆情報窓口の開設

塩尻ブランド専用のホームページを開設するほか，庁内にブランド担当部署の設置を検討し，情報の受発信（コミュニケーション）を活発化させる。

◆常設展示場設置

地場産品や塩尻ブランドの情報に気軽に接触できることが重要である。そこで，地場産品や塩尻ブランドに関する情報が常に入手できる常設展示場の設置を検討する。

第7節 地域ブランド化の今後の課題

7-1 地域活性化に向けてのブランド化戦略が目指すべきもの

地方自治体が財政基盤の強化を狙って地域経済の活性化を目的に展開する地域ブランド戦略では，特に地域アイデンティティとしてどのようなものが掲げられ，そのアイデンティティが地域住民に共有され，地域の紐帯意識へとつながる仕組みが築かれているかが重要である。収益を生まず，支出がともなうことが多いが地域の本質を見据えている，協働のまちづくりに参画し中長期的視点から市民活動の活性化を求める住民との間に，地方の財政基盤の短期間での強化策は，軋轢を生じさせる場合がある。

地域ブランドの創設と地域外への浸透を急速に進めようとすると，地域内住民の求める地域の活性化策とのバランスが崩れ，住民の意思を無視して進められているという思わぬ抵抗を生み，ブランド戦略の足枷となることが生じる。

また，中長期的な地域の成長や活性化を実現するためには，地域住民と地方

自治体との効果的なコラボレーションが不可欠であるが，行政の担当者に熱意がなく無責任な体質の場合，両者の良好な関係は望めず双方が不信感を抱き地域自体の行政活動が沈滞する事態に陥る恐れもある。特に，地方自治体の職員は数年で部署の移動があるため，自分が手がけて行なった事案についてはすべて前任者の責任として引き継いでしまうことが多く，継続的な事業には無関心であることが見受けられる場合もある。そのため，地域の活性化に取り組んできた熱心な住民らを失望させ，協働による地域活性化の活動が頓挫することもしばしば地域に生じている。地方自治体に数年だけ出向してくる国のキャリア官僚が，自分の業績のみを追求し，赴任先の地域の将来を考慮せず近視眼的で派手な政策に着手し，地道な活動を怠って課題を残したまま出向終了となると，その後に地方に残された後始末に地方自治体の職員が忙殺され，本来の業務とは異なる辻褄合わせの業務に明け暮れることになるなどの無駄な作業が残されることもある。これでは，地域の経済的活性化などを支援する住民の活動が継続されることなど不可能であり，地域に根付くブランド化戦略は失敗に終わると言えるだろう。

7-2 地域への誇りが生みだす活性化

　地域の経済的活性化や地域全体の活性化の達成のためには，地域活性化を牽引するファシリテーターを中心に産官学民の協働関係を構築し，地域内外との情報交流を積極的に展開することを通して，理想とする地域の実態に近づいていく絶え間ない努力が成されることが必要である。このプロセスを踏み，うまく活性化を進められるかどうかは，地域に生きる人々の中に地域への愛着度を高め，地域内外の人に地域の特性や誇りを熱心に伝える人がどれくらい生まれているかにかかっている。このような心理的高揚感の中核を占める構成概念がシビック・プライドであり，シビック・プライドは「地域関与意識」と「地域アイデンティティ」因子で構成される。特に，競争優位な地域特性や個性化を図りにくい地域のブランド化が成功するための重要な役割を担うのが，その地域に生活する人々の地域住民としてのシビック・プライドであり，シビック・プライドが構築されてこそ，究極的な地域ブランド化のバリューチェーンが完成し，長期的な地域活性化が達成されると思われる。

注

i 小川孔輔「京都ブランドの成り立ち」京都工芸繊維大学（2007.10.30）講演録より。

ii コトラーらは，都市や地域を経済的に豊かな「場」に変える方向として，その地域の特性に合致する企業の誘致，産業の発展，親密な人間関係などが重要な役割を果たすことを示唆している。

iii 少子高齢化時代の地域活性化検討委員会「少子高齢化時代の地域活性化検討委員会 報告書」（平成18年3月）より。

iv 地域活性化の基底となる地域と心理的距離間との循環プロセス。

v 広告効果は，短期効果と長期効果の双方の観点から測定されることが望ましいとされる。広告効果については第4章において詳しく述べているので，そちらを見てほしい。地域ブランドにおけるコミュニケーション戦略を考えるための広告効果モデルについても同様の視点で構成され，地域内外向けの情報発信の効果を測定する視点として広報指数，広告指数の構成要素についての検討を進め，効果的情報発信活動を展開することが望まれよう。

参考文献

Little, J. D. C. (1975) "BRANDAID: A Marketing-Mix Model, Part2: Implementation, Calibration, and Case Study," *Operations Research*, Vol.23, No.4, pp.656-686

青木幸弘・岸志津江・田中洋編著（2000）『ブランド構築と広告戦略』日経広告研究所

小池直・山本康貴・出村克彦（2006）「ブランド力の構成要素を考慮した農畜産物における地域ブランド力の計量分析—インターネットリサーチからの接近—」『北海道大学農經論叢』Vol.62, Mar., pp.129-139

片平秀貴（1987）『マーケティング・サイエンス』東京大学出版会

塩尻市（2007）『塩尻「地域ブランド」戦略』

滋野英憲（2005）「まちづくりとシティ・プライド」『都市商業とまちづくり』（第3章），税務経理協会

滋野英憲（2005）「まちづくりマーケティングの課題—シティ・プライドへの視点から—」現代経営学部編『甲子園大学紀要』Vol.33, pp.45-53

Column. 地方都市の活性化に必要なのは資金的支援か？

　選択と集中を基本的な考え方に据え，地方都市の再生を目指して進められてきた中心市街地活性化法に基づく支援策も10年をこえ，認定された中心市街地活性化計画は141都市，212の計画におよぶ。

　しかし，この中心市街地活性化計画を認定された都市は，政策の目論見通りに活性化に成功しているのだろうか。初めて認定された青森市，富山市を例に見ても成功とはいえない結果となっている。

　成功事例を探してみても，中心市街地活性化計画が契機となって活性化している顕著な事例は見当たらないように思われる。

　大分県豊後市は中心市街地活性計画の認定を受ける以前から地域活性の成功事例として取り上げられることが多い地域であるが，このまちが再生した要因をリーダーの1人である金谷俊樹は「決してあきらめず自分たちができることを自分たちの手で計画し，必死でそれを実行したこと」と回想している。その後，中心市街地活性化基本計画の認定を受けさらに充実したまちづくりを進めている。

　やはり，地域が再生するためには支援策ありきではなく自分たちの手で出来ることをやりつくして土台づくりをし，なぜ，支援策が必要なのかを徹底的に議論してから支援を受けることで本来の目的を完遂する活きた政策になるのではないだろうか。

　国は，地域再生を目論む中心市街地活性化を推進する支援策のあり方を再検討する時期に来ているのではないかと思う。

第 9 章

ブランド・マーケティング

第1節 定義とブランド研究のはじまり

　ブランドの由来はいくつか説があるが、その中のひとつに焼印がある。これは家畜を放牧する際に、他者の家畜と自分の家畜を見分けるため家畜の体に焼印をして区別したというものだ。このようにブランドの根底には、ほかのものと区別するという意志があり、またそのための印という意味がある。田中（2017）は、アメリカ・マーケティング協会の定義を「ある売り手の商品やサービスが他の売り手のそれとは異なるものとするための名前・用語・デザイン・シンボルあるいは他の特徴のことである」と訳している。つまり、ブランドは他者と区別するための印であり、特徴なのである。

　さて、ブランドには従来から高級、高額というイメージがある。また、ファッション関連のブランドをイメージすることも多いが、これはルイ・ヴィトンやシャネルなどの海外有名ブランドの影響である。市松模様の茶色いルイ・ヴィトンの鞄は、ファッションに関心が低い人たちであっても、それがブランドの鞄で高額であることがわかる。しかし、本来のブランドの意味からいえば、他社と区別される商品やサービスであるので、高額な海外有名ブランドだけではなく、身近な商品にもブランドはたくさん存在している。石井（1999）は現在のブランドが富の基本形態であることを、アメリカのブランドの地位の変遷を調べたデータから2つ挙げている。第1は長期間にわたってトップブランド

がその地位を確保していること，第2はアメリカのブランドが日常生活において身近であることである。たとえば，コカ・コーラやケロッグは多くの人々が知っているだろう。このように身近で差別化されているブランドの商品を私たちは実際に購入している。学術的には，1991年にアーカー（Aaker,D.A）がブランド・エクイティの著書を公刊してからは，多くの学者がブランドを研究対象として取り上げてきた[i]。たとえば，*International Journal of Research in Marketing*という学会誌が1993年3月号でブランド管理の特集を行っており，*Journal of Marketing Research*という学会誌でも1994年5月号にてブランド・エクイティに関する特集を行っている。なお，エクイティとは公正・公平という意味である。また，日本においても1995年3月に日本消費者行動研究学会の学会誌『消費者行動研究』が，「ブランド・エクイティ研究の現状と課題」というテーマで公刊された。この時期には，すでにバブルは崩壊していたが，それまでに日本の消費者のブランド志向はその行動に顕著にあらわれていた。

　ここで図9-1に示したアーカーのブランド・エクイティ・モデルを見てみよう[ii]。この図に示したとおり，ブランドという言葉で示されるものはブランド

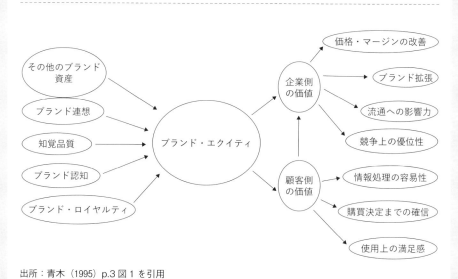

出所：青木（1995）p.3 図1 を引用

[**図9-1**] Aakerのブランド・エクイティ・モデル

資産，ブランド連想，ブランド認知，ブランド・ロイヤリティである。そして，これに知覚品質を加えた5つがブランド・エクイティを構成する要素とされている。ブランド・エクイティからの影響は，企業側にも顧客側にもそれぞれの価値がある。その価値の中でも企業側の価値が影響するものは，価格・マージンの改善，ブランド拡張，流通への影響力，競争上の優位性の4つであり，顧客側の価値が影響するものは情報処理の容易性，購買決定までの確信，使用上の満足感の3つである。青木（1995）は，ブランド・エクイティが「一つのブランド名（ロゴ等の図象的シンボルを含む）の下に形成・蓄積された無形の正味資産のことであり，多年にわたるマーケティング活動の成果として獲得された当該ブランドに対する知名度，ロイヤリティ，知覚品質，連想（イメージ），およびその他の無形資産（特許，商標権，チャネル，等）を内容とするもの」と定義されていると説明している。

また，図9-1から説明できることは，顧客は膨大なブランドに対する情報を得ることができるが，その製品や特徴を整理するためにブランド・エクイティが役立つということである。そして，それは購入の意思決定にも影響を与えるのである。企業にとってブランド・エクイティはマーケティング計画の効率や効果の促進に役立ち，同時にブランド・ロイヤリティの確立や高揚にも利用することができる。そしてそれらを効率よく利用するところにマーケティングが活用されるのである。

さて，ブランド・ロイヤリティとはブランドに対する忠誠心と訳される。たとえば，シャネラーと呼ばれるシャネルの洋服，鞄，小物を持つ人々が1995年頃に登場した。シャネラーという言葉は，女子のファッション雑誌が命名したといわれており，1995年の流行語であった。彼らはシャネルというブランドの品質を認め，それを記憶し，良いものとしてイメージしている。これは図9-1の知覚品質，ブランド連想に該当するとともに，シャネルというブランド知名でもある。ひとつのブランドで頭の先から靴までをそろえる人々は，洋服だけではなくアクセサリーや鞄など，すべてのものを自分が気に入ったブランドで統一していたのである。このように，あるブランドにこだわりを持ち気に入って繰り返し購入してもらえれば，企業としてはリピーターの確保となる。そして，このような顧客に対してはダイレクトメールなどでコミュニケーショ

ンを密にとるという手段が有効になる。しかし，現在では，シャネラー的な消費者は少ない傾向にある。

　なお，ブランドと深く関わる研究分野はマーケティングだけではない。その資産価値からは会計学，管理からは経営学，その告知からは広告論に結びつく。また，消費者の立場からはブランドに対する好悪などの消費者心理やそれらを購入する消費者行動論にも結びついている。そして，最近は地域の差別化から観光学にも影響を与えている。

第2節　ブランドの認知と選択

　現代の消費者は何を基準にブランドの選択をし，それらを生活の中に取り入れているのだろうか。ブランドの成立には他社との違いを認識してもらい，覚えてもらうことが必要である。消費者に覚えてもらうために，企業は名前（商品名あるいは企業名），デザイン（パッケージを含む），シンボル（ロゴマーク）などに工夫を施しており，この工夫がマーケティングである。

　田中・丸岡（1995）は，ブランドに対する記憶を図9-2のように表しており，これを「ブランド記憶の鍵モデル」と名づけた。その理由を「ブランド記憶検索過程には，まず，ブランド記憶の扉をあけるプロセスがあり，その後にブランド記憶が引き出されるという2段階の過程を想定している」ためであると説明している。なお，図内のアイデンティファイアとは，ロゴやパッケージなどブランドを固定することに役立つ要素のことである。

　人々に覚えてもらった後は，それをいつでも記憶として引き出してもらえなければ，購入には結びつかない。その引き出し方としてアイデンティファイアの活用が行われる。では，商品を購入してもらうために，消費者の選択基準について考えてみよう。

　消費者は，一般的には次のような流れで選択を行う。まず，最初に製品カテゴリーの選択をする。つまり，洋服なのか化粧品なのか香水なのかを選択する。次にブランドの選択をする。洋服であればユニクロなのかシャネルなのかGAPなのかである。それが決まれば購入する場所を選択する。そして購入数量，色，デザインを決め，支払い方法を選択して購買行動が完結する。その中

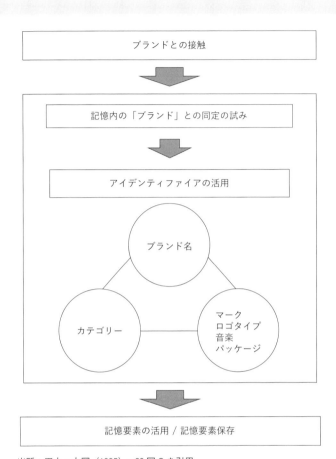

出所:田中・丸岡(1995) p.28 図2を引用
[**図 9-2**] ブランドに対する記憶について

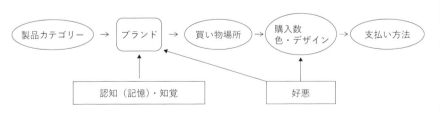

出所:池尾・青木・南・井上(2010) p.137 図 6-1 を参考に筆者加筆
[**図 9-3**] 消費者選択の流れ

でブランドを選択する時に、ブランドの認知、知覚、好悪の感情が加味されるのである。また、購入数、色、デザインを決定する時にも消費者の好悪が働く。これらの流れを図9-3に示した。

第3節 ブランド認知のための情報源

では、ブランド認知のためにどのような情報源があるのかをここから紹介していこう。これはマーケティングの中でもプロモーションの部分にあたり、たとえとしては広告がイメージしやすいであろう。第4章のマーケティング・コミュニケーション政策を参考にしてもらいたい。企業が自社の商品やサービスを多くの消費者に正しく理解してもらい、記憶してもらうためには、広告が必要なのである。

まず、消費者がある製品に対して持つ感情は、はじめから好きか嫌いか決まっているものと、そうではないものに分かれる。はじめから個人の好悪で決まるものの代表例としては、色やデザインが挙げられる。たとえば、黄色が嫌いな消費者は、黄色のセーターやTシャツを買わない。また、デザインも三角形が嫌いな消費者は、鞄や小物で三角のものを選択しない。その一方で、はじめから好きか嫌いかが決まっていないものは得られた情報によって判断される。その情報の中には、テレビ、ラジオ、インターネット（ブログ、Twitter、Instagramを含む）、口コミ、交通機関の釣り広告、看板、電光掲示板、チラシなど生活の中に溶け込んでいるものが挙げられる。情報には企業側から発信されたものと、消費者から発信されたものの2つがある。企業側から発信された情報は主に広告と呼ばれ、消費者から発信されたものは消費者間情報と呼ばれる。

現在の大学生たちはインターネットからの情報を目にすることが多いといわれている。なぜならば、彼らはスマートフォンを操り即座に必要な情報を手に入れることに慣れているからである。また、彼らは消費者間情報にも目を向けることが多いとも言われている。具体的にはブログ、Twitter、Instagramである。彼らは「いいね」の数が多いものや、有名人などのTwitterを参考にして、その商品やサービス、ひいてはブランドの価値を評価するのである。

一般的な購買意思決定プロセスの段階では，最初に問題認識がある。次に情報探索になり，代替案評価，選択・購買，購買後評価と続いていく。消費者は，購買後評価が高い場合はリピーターとして同じ商品を購入したり，同じサービスを再度受けたりする。何を求めているのか，何がほしいのかという問題認識が最初にあるが，ここが明確ではない場合は，次の情報探索に時間がかかる。たとえば，何となく洋服が欲しいという曖昧な意識であれば，流行している洋服，価格が安い洋服など多くの洋服を検索しなければならない。しかし，欲しい商品を特定していれば，たとえばあるメーカーの炊飯器がほしいと思えば，価格や売り場の検索，あるいはそれを購入した人の評価を検索するであろう。ブランドを認知するための検索も同じである。ある特定のブランドに興味があれば，それをインターネットで検索し，来歴や売り場などの情報を瞬時に得られる。しかし，評判の高いブランドの品物を探すとなると口コミなども参考にしているのが現実である。また，自分がそれまでに知らなかった新しいブランドを認知することは，店頭でも多いが，自身の感性に合致するか否かは商品を見るまでは誰にもわからないのである。

第4節　現在の若者のブランド観

　現在の若者のブランド観を明らかにするために，2017年10月～12月にかけて3つの調査を実施した。

4-1　認知しているブランド

　第1調査ではどのようなブランドを知っているのかを明確にすることを目的とした。そのために，2017年10月上旬に神戸市に立地している共学の私立大学に在籍中の3年生の男女5人ずつで計10人のグループを2つ作り，それぞれのグループでブランドについて70分間で自由に意見を出し合ってもらった。この場合，カテゴリーについては，あらかじめ調査者が指定をし，自動車，菓子，洋服，化粧品，ビールとした。またこれ以外にブランドで有名だと思うものはその他として自由に意見を聞いた。この2グループで話し合ってもらった結果を表9-1に示したが，インターネットでの検索は認めなかったので，正確

[表9-1] グループディスカッションの結果

カテゴリー	知っているブランド名
自動車	トヨタ，日産，ベンツ，マツダ，ホンダ，スズキ，フォード・モーター，ゼネラル・モーターズ（GM），現代自動車グループ
菓子	ゴディバ，アンリ・シャルパンティエ，ケーニヒスクローネ，御影高杉，とらや，たねや，一福，マルベル，ユーハイム，モロゾフ
洋服	H&M，GU，ユニクロ，シャネル，ソアリーク，ミラ オーウェン，無印良品，マーキュリーデュオ，GAP，五大陸，ZARA，フォーエバー21
化粧品	資生堂，カネボウ，シャネル，ディオール，MAC（マック），ランコム，RMK（アールエムケイ），ジル スチュアート，コフレドール
ビール	サントリー，サッポロ，キリン，アサヒ，オリオン（沖縄）
その他	楽器：ヤマハ　企業：ソニー，サンヨー，東芝，オムロン，ドコモ

注：現代自動車グループは現代をヒュンダイと読む。韓国の企業。
出所：筆者作成

な名称が出てこなかったブランド名は記載していない。

表9-1が示しているとおり，自動車については世界的にシェアが高い企業，菓子はデパ地下に店舗を構えているような老舗などが挙げられた。また，洋服は流行しているH&M，ZARA，フォーエバー21などのファストファッションが挙げられた。そして，化粧品は大学生だからといって特別なブランドが挙げられているわけでもなく，比較的どの世代も知っている有名なブランドが並んだ。さらに，ビールは有名な4つの企業がならび，最近，流行している沖縄のオリオンビールも挙げられた。その他には楽器についてはヤマハが挙がり，企業ではソニー，サンヨー，東芝，オムロン，ドコモが挙げられた。この企業の中には最近，ニュースで取り上げられたことが影響したと考えられるものもある。また，携帯電話会社のドコモなどの身近な企業が挙げられたと考えられる。

4-2　ブランドへ対するイメージ

第2調査ではブランドとはどのようなものであると思っているのかを明確にすることを目的とした。そのために2017年10月下旬に，第1調査と同じメンバーで「ブランドとはどのようなものであると思うか」というテーマでブランドのイメージを含めて70分間話し合ってもらった。表9-2にその結果を示した。

[表 9-2] ディスカッションの結果

Aグループ	
知名度が高い，有名である，皆が知っているような製品がある，皆が覚えているような広告がある，年代を超えて認知されている，誰もが一度は使ったことがある，いつも店に置かれている，高級である，高額である，格好よい人が持っているイメージがある，贅沢だ，地域に根付いている，グローバル化がすすんでいる，設立年が古い	
Bグループ	
高額だ，知名度がある，広告が心に残っている，皆が知っている，品質がよい，定番だ，製品のメンテナンスやアフターサービスがある，いつでも品物がある，価値がある，特別感がある，安心感がある，イメージが良い，ギフトになる，有名である，話題がある，偽物がある，素材が良い，歴史がある，有名である	

出所：筆者作成

　この表9-2からA，Bの両グループで共通したものを中心に考察すると，大学生たちがブランドであると思うものは，「知名度が高い，知名度がある，皆が知っている，有名である，年代を超えて認知されている」ということから知名度が多く挙げられる。また，「歴史がある」あるいは「設立年が古い」という意見から歴史を重視しているということもわかった。次に「高級である，贅沢だ，高額だ」という意見からブランドは高額だというイメージがあり，「格好よい人が持っているイメージがある，イメージが良い」ということからイメージの良いものだと思っている。

　製品に関しては「素材が良い，品質がよい，安心感がある，製品のメンテナンスやアフターサービスがある」ということからブランドではない製品よりも，質が良いものであると考え，いつも店に置かれていることから「定番である」と考えられている。つまりブランドに関しては，一般的な従来の高額，高級，高品質というようなイメージを大学生たちも有していることがわかった。

4-3　従来のブランド観との違い

　第3調査では，大学生たちが従来のブランド観とは異なるブランド観を有していることを明らかにするために実施した。2017年11月中旬に神戸市に立地している共学の私立大学に在籍している3年生の男子50人，女子50人ずつ計100人に調査票を配布した。この調査票に表9-2を掲載し，このような意見以

[**表 9-3**] グループディスカッションの結果

- 知名度よりもこだわりを持っているものがブランドだ
- 高品質ではなくても，手作り品とその作家もブランドだと思う
- 自分自身が気に入っていれば価格に関係なく，それがマイブランドになる
- 地域に根付いているものは特産物でブランドではない
- 高価格ではなくてもブランドになるものが最近は多い（例えば野菜など）
- 高額ではないが，GUなどはおしゃれなブランドとして認識されている
- 歴史があるものすべてがブランドにはならない
- アクセサリーなどは自分の感性に合致したものがブランドになる
- ギフトになるものがすべてブランドではなく，ブランドの中で特に有名なものだけだ
- 話題性とブランドは関係がない
- 一流ブランドは数が少なく，一流有名ブランド以外はありがたみがない
- 衣食住のうち，衣以外にブランドを感じない
- イメージが悪いブランドもある。私はシャネルのイメージは良くない

出所：筆者作成

外にブランドに関してどのような意見があるのかをたずね，回答は記述式とした。その結果の一部を表9-3に示し，ここには同じようなニュアンスを持つ，複数の意見を抜粋した。

　表9-3から，若者たちは，必ずしも高額，高級ではなくてもブランドだと思う品物があるということや，歴史がなくても，地域に根付かなくてもブランドと感じていることが理解できる。それらを総合すると，自分のこだわりに合致するものがあり，ほかのものと区別できるものであれば，それがブランドだと感じているのである。よって，若者たちのブランド観は，もともと区別するための印から出発した本来のブランドの意味に近づいている傾向がみられる。また，自分のこだわりでブランドと認めるような傾向であれば，市場は細分化されていくと考えられる。たとえば，マス（大量）での対応ではなく，個別の多種多品種になり，結果として品物の価格は上昇する。ここはブランドが高額であるという従来のイメージと合致してくると言える。よって若者のブランド観は一般的なイメージと本来のブランドの意味に近い部分との両面を兼ね備え，マーケティング的に考察すれば市場の細分化の方へ向かっていると言えるだろう。

第5節 2つのブランド・マーケティングと今後の課題

　池尾・青木（2010）によると，ブランド・マーケターがとるべきブランド・マーケティングは大別すると2つ考えられる[iii]。1つは，既存カテゴリーを前提としたものであり，すでに存在している市場の中で自社の製品をどこに，どのように位置づけるのかを工夫することである。ここでは品質や価格を周囲と比較しながら，自社製品の価値を位置づけることになる。もう1つは，既存ではなくその周辺のカテゴリーを前提としたものである。いわば既存ではなくこれから創造するような市場で，新しい価値を消費者にアピールするような場合である。これには，ブランド構築と市場構築の両者をふまえた工夫を要する。

　以上2つのとるべき方向があるが，ブランドを中心に据えて，その周辺の要素を活用しながら販売促進をすることをブランド・マーケティングであると考えると，今後の課題が2つある。1つは，消費者側の問題になるが，ブランドに対する感性的な尺度を心理学分野から応用しなければならないことである。好悪などの感情の分析は，マーケティング・リサーチだけではなく，消費者心理の分野であるからだ。その場合，根底にある個人のパーソナリティの部分と市場をどのように結びつけ，どの程度考慮するのかという具体的指標が必要になる。もう1つは，ブランドを有する企業の問題になるが，ブランドの扱い方である。極論をすれば「1ブランド1商品」でビジネスを展開している企業もある[iv]。その場合，商品とブランドとの結びつきが明確であるが，多くの企業は「多ブランド多商品」である。たとえば，ルイ・ヴィトンの鞄も新作が発表されつつ，従来のモノグラムも展開されている。このような，多ブランド多商品をどのように消費者にアピールするのか，これはブランド管理の問題でもあるが，販売促進を考えた場合も重要な問題である。

注

i　*Managing Brand Equity: Capitalizing on the Value of a Brand Name*, The Free Press がアーカーのブランド・エクイティの著書で1991年に発行された。なお，日本ではこの訳本が1994年にダイヤモンド社から出ている。訳者は陶山

計介・中田善啓・尾崎久仁博・小林哲，本のタイトルは『ブランド・エクイティ戦略』である。
ii　アーカーの *Managing Brand Equity: Capitalizing on the Value of a Brand Name*, The Free Press に掲載されている図を，ここでは青木が訳して採用したものを参照のうえ掲載している。
iii　池尾恭一・青木幸弘編（2010）『日本型マーケティングの新展開』有斐閣のpp.242-247 を参考にまとめた。この文献ではカテゴリー中心型ブランド・マーケティングとカテゴリー創造型ブランド・マーケティングに分けて論述している。
iv　「1 ブランド 1 商品」の例として 2013 年に創立した株式会社 BAKE が挙げられる。北海道で販売する「焼きたてチーズタルト」を専門に販売している。2014 年に東京新宿店をオープンしてから 2016 年 9 月末までに国内 14 店舗，海外 9 店舗を展開している。

参考文献

青木幸弘（1995）「ブランド・エクイティ研究の現状と課題」『消費者行動研究』Vol.2, No.2, pp.1-22
池尾恭一・青木幸弘編（2010）『日本型マーケティングの新展開』有斐閣
池尾恭一・青木幸弘・南知恵子・井上哲浩（2010）『マーケティング』有斐閣
石井淳蔵（1999）『ブランド―価値の創造―』岩波新書
田中洋（2017）『ブランド戦略論』有斐閣
田中洋・丸岡吉人（1995）「ブランド・メモリーズ―ブランド記憶メカニズムの探索的研究―」『消費者行動研究』Vol.2, No.2, pp.23-35
Aaker,D.A.（1991）*Managing Brand Equity: Capitalizing on the Value of a Brand Name*, The Free Press. 陶山計介・中田善啓・尾崎久仁博・小林哲訳（1994）『ブランド・エクイティ戦略』ダイヤモンド社

Column. コピー商品，偽ブランド

　コピー商品は，いつの時代になっても減らないと言われている。そもそもコピー商品とは意図して何かを模した商品のことであり，違法のものとそうではないものに大別できる。違法のものは，特に有名な海外ブランドのコピー商品が多い。これらは，ロゴや商標など外観をブランドのものに似せてつくることから偽ブランドとも呼ばれる。この偽ブランドは似せてはいるが，おおむねオリジナルと比較すると商品が劣悪である。コストを安く抑えるために手をぬいてつくっているのである。外観だけではなく，機能や製法は特許権，キャラクター，コンテンツやソフトウェアは著作権で守られているので，これらを犯してもコピー商品，つまり偽物になる。なお，違法ではないものの代表例としては特許権が切れた後発医薬品や，すでに保護期間が過ぎた映画の著作権があげられる。

　日本では関税法で輸入してはならない貨物にこのコピー商品が含まれている。よって，税関では海外から流入してくるコピー商品を見逃すことなく押収する。税関の押収というと麻薬やワシントン条約によって保護された動物などを連想するが，コピー商品の押収の数も多い。以前は中国からのコピー商品が多かったが，最近は東南アジアからも流入してくる。また，今でこそ，海外から日本へコピー商品が流入し，問題になっているが，1950年ごろは逆に，日本でコピー商品が製造され，海外に輸出されていたのである。これは日本人のデザインや意匠権に対する一般的な認識が低かったためと言われている。当然，日本政府がコピー商品に対する啓蒙活動などに力を入れて，コピー商品を製造することが違法であることを徹底させていった。コピー商品は求める人がいる限り，どこかで製造されている。ブランドの魅力が高ければ高いほど，コピー商品も多くなる。つまり，ブランド人気と表裏一体になるのがコピー商品なのである。

第10章

ファッション・マーケティング

第1節 定義と背景

　一般的にファッションの語源は，ラテン語のファクティオ（factio）であると言われている。辞書によるとファッションは「はやり。流行。特に，服装・髪型などについていう。また転じて，服装。」と説明されている[i]。よって，ファッションは多くの人々がある事象を同時に受け入れ，そのスタイルや表現をいっせいにまねることから始まると考えられる。この場合，あらゆる事象が常に変化しているという前提が必要になる。常に変化があるからこそ，そこに新しい様式（スタイル）が登場するのである。だからこそ流行は「①流れ行くこと。②急にある現象が世間一般にゆきわたり広がること。［中略］③衣服・化粧・思想などの様式が一時的にひろく行われること。はやり。［中略］④（芭蕉の用語）不易流行参照」と辞書で説明されている[ii]。神山（2000）はファッションを流行そのものとみなし，それをダイナミックな集合過程と位置づけており，「新しいスタイルが創造され，市場に導入され，大衆によって広く受け入れられるようになるのは，このような集合過程を通じてである。個性と同調，また自己顕示欲求と所属欲求といった個人にとっての両面的価値と，そのいずれの価値をどの程度重視するかは，ファッションにどのようにかかわるか，すなわち流行事象への関与のレヴェルをどの程度にするか，あるいはファッション・トレンドとどの程度の距離をおくかなどを決める要因になる」と述

べている[iii]。つまり，ある様式を受け入れる，受け入れないというのは個人差があり，関与のレベルによることを主張しているのである。

　では，そのようなファッションとかかわりのある産業，いわばファッション産業はどのように定義づけられているのかというと，「一般に，広く流行しているデザインやスタイルをもった商品（ファッション品）の製造・販売に携わる産業」とされている[iv]。流行しているデザインやスタイルを持った商品の例としては洋服，アクセサリー，鞄，靴，小物，インテリア，帽子などが挙げられる。よって，ファッション・マーケティングとはこれらの商品の販売促進のために工夫することである。これには具体的に，製品の品質向上，消費者ニーズの把握，消費者が納得する価格での提供，消費者の手元に迅速に届けるシステムなどが必要になる。消費者ニーズの把握については，単にリサーチをするだけでは把握できない。なぜならば，消費者ニーズは経済的な背景や社会の規範などの影響を受けて変化しているからである。リサーチの場所，時期，調査対象者によって，ニーズが異なってくると考えられる。

　次にファッション・ビジネスについて考えてみよう。菅原（1981）はファッション・ビジネスを「消費者のファッション生活ニーズをみたすファッション商品を提供することを通じて利益を確保することを目的とした企業活動」と定義づけている[v]。彼が提唱した消費者のファッション生活ニーズは4つある。それは，①健康と身だしなみをよくしたいというニーズ，②着こなしをよくしたいというニーズ，③暮らしごこちをよくしたいというニーズ，④住みごこちをよくしたいニーズである。これらの消費者のニーズは肌に近いところから生活環境までを幅広く示している。たとえば①は化粧品，②はアクセサリー，③

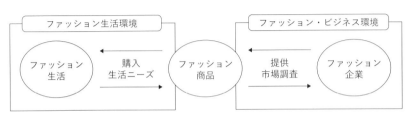

出所：文化服装学院編（1981）p.12 図表1 をもとに作成

[図10-1] ファッション・ビジネスの概念

はインテリア，④は家具などが例示できよう。ここで菅原（1981）が提唱したファッション・ビジネスの概念を図10-1に示す。この図によると，ファッション生活環境の方が消費者側の視点で，ファッション・ビジネス環境は企業側の視点である。双方が商品をはさんでそれぞれの役割を果たしている。ファッション・ビジネスでは小売業の役割が大きく，消費者との接点となっている。そして利益を上げるための仕掛けや仕組みづくりを重視することになる。そのためには，小売業と卸業との関係や従業員，工場，原材料との関係も考慮される。ファッション・マーケティングでは，商品の売り方，広告の方法，顧客へのサービスなど企業から消費者への働きかけが主となり，顧客とのより良い関係の構築が考慮される。

第2節 ファッション・マーケティングの特徴

2-1 ファッション産業の構造

　ファッションと聞いて思い浮かぶ産業は繊維産業とアパレル産業である。これらの産業の構造は図10-2のとおりである。川上，川中，川下の3段階に別れている。川上は素材を中心に製造する分野で，生地までを作成する分野である。川中は川上の分野で製造された生地を使用した商品のデザインも含む企画・製造をする分野で，直営店を持たずに卸の機能をそなえているような業態である。たとえば，小売店に販売はまかせているような業態が挙げられる。川

出所：筆者作成
[図10-2] ファッション業界における産業の基本構造

下は川上でつくられた生地や素材を使用して，川中で企画・デザインされた製品を消費者に直接販売する小売分野のことである。ようするに，糸から布など素材ができあがるまでが川上，素材が洋服になるまでが川中，洋服を売るのが川下というイメージとなる。

また，消費者との接点は川下ということになるので，川下からの消費者の情報が川中や川上には必要になってくる。これは顧客獲得のための基本的な情報になるからであり，それを分析し，解釈することが，消費者の求めている素材開発にも役に立つのである。

つまり，ファッション産業の構造を要約すると，川上から川下へモノが流れ，川下から川上へは消費者の情報が流れていくという構造になる。

2-2　ファッション・マーケティングの特徴

では，ここまでにみてきた川上・川中・川下それぞれのマーケティングにおける特徴をここから説明していこう。

まず，川上に位置する企業は，材料の調達を経て製品を作成し，その製品を次の段階である川中へ流している。特徴としては，①糸や製造の原料をどこから調達するかによって製造コストが変化すること，②グローバル化した現在では，材料の調達時に諸外国の政治の影響を受ける可能性があること，などが挙げられる。

次に川中に位置する企業は，洋服という製品をつくるためにそのデザインを考案する。ここでは，どのような製品を世の中に出せば，より消費者の購買意欲を高めることができるかを考え製作するために，マーケティング・リサーチを実施することがある。また，新しい企画を提案し，いつの時期までにいくつ製品をつくるのかという計画を立て，適切に店舗に届ける方法や流通網を確立している。最近はファストファッションのように製品の納入期日サイクルが短いものがあるので，効率化が進められている。

最後に川下に位置する企業は，川上と川中を経て製作されてきた製品を消費者に品質を保証して届けることができる。価格に対しては，消費者が購入できる価格を知っているので，その価格に見合う製品を提供している。また，製品をアピールする広告にも取り組み，消費者の動向をつかんでいる。このように

マーケティングの4P（製品政策，価格政策，販売促進政策，流通政策）をすべて活用し，それらをミックスしながら日々のマーケティング活動を実施している。ファッション・マーケティングの特徴はこのマーケティングの基本に，ブランド戦略が加味されることである。なぜならば，多くのアパレルメーカーは自社ブランドを有しているからだ。さらにファッション市場はターゲットが明確であることが多いので，ターゲット戦略も考慮される。

　具体的には，日本では1960年代に入ると，マーケット・セグメンテーション（市場の細分化）の考え方がアパレルメーカーに浸透した。なぜならば，各企業がそれぞれ特徴のあるブランドを有していたからである。それ以前は性別，年齢，所得のような基本属性を中心に販売促進を考えていた。よって，ティーン，ミス，ミセスというようなセグメンテーションで洋服を配置し，販売していたのである。その後，日本が豊かになり，人々の生活にも余裕が出てくると，性別や年齢のような基本属性ではなく，ライフスタイルでのセグメンテーションが重要になってきた。たとえば，同じ年齢層であっても子供がいるのかいないのか，独身なのか既婚なのか，都会に住んでいるのか地方に住んでいるのか，共働きなのかなど，どのような生活をしているのかによって好みが異なると考えられたのである。そのため，単品での提案よりもトータルコーディネート，つまり服の上下・持ち物といった全体の調和を考えて提案することが流行した。やがて1980年代からは多様性の時代に入り，ファッションも個性を競うようになり，消費者は差別化と記号論的なものを好むようになった。この記号論とは，星野（1985）が提唱した考え方で，隠された意味やシンボルを読み解き解釈するという手法だ。たとえば，トイレに赤のマークがあれば女性だと思うように赤に女性という意味を見出しているのである。

　やがてバブルがはじけた後は，流行のモノが徐々に定番になり，ユニクロや無印良品のように個性は発揮できるが，定番である商品が好まれるようになった。今はファストファッションと呼ばれるZARA，フォーエバー21，GAPなどに人気があり，ユニクロと同じファーストリテーリング社が展開するGUも若い人々には人気がある。なお，ファストファッションにおける製品は，製造から2週間ほどで店頭に並び，基本的には売り切るスタイルで商品サイクルが短いことが特徴であり，まるでマクドナルドのようなファストフードのように

手軽で製造から販売までが早いことから,ファストファッションと呼ばれている。今日の消費者たちは手軽さを重視しているため,このようなファッション様式が好まれるのである。

第3節 ファッションに対する消費者心理

　ファッションはある意味において情報である。そしてその情報源をどこに求めるかによって,取り入れるファッションが異なってくる。ドイツの社会学者であるゲオルク・ジンメル(Georg Simmel)は,ファッション(流行)を取り入れる行為は同調と差別化の両面を持っている人間の心理のあらわれであると説明している[vi]。つまり,周囲の人たちと同じような洋服を着て仲間になりたい気持ちと周囲の人たちとはどこか違っている洋服を着て個性を出したいと思う気持ちの両方を人は持っているということである。また,ジンメルは図10-3に示したように,ファッションは階層間を上位から下位に移動すると説明している。つまり,下位の立場のものが,常に上の階層の真似をするというもので,頂点にいる者は権威を持っており,その集団の中ではカリスマ的な存在である。

　もちろんジンメルが生きていた時代とは異なり,現代では下位の流行を上位の者たちがおもしろがって真似ることもある。たとえば,ヒップホップは下位層からの発信によって,上位層へ拡大したものである。また,図10-4に示し

出所:筆者作成

[**図 10-3**] ジンメルのトリクルダウン・セオリー

注：矢印は情報の流れをあらわしている。
出所：筆者作成

[図10-4] 個人を核としての情報の拡散

たように，個人がSNSなどで上下の階層に関係なく全方向へ情報発信をすることが可能である。つまり，ブログやTwitterなどを使用した不特定多数への情報発信が可能であり，それに対する不特定多数の受け手が存在しているのである。

ジンメルだけではなく，フランスの社会学者のギュスターヴ・ル・ボン（Gustave Le Bon）も人間の模倣性が群集心理を生み，まるで感染するようにひろがっていくことを説明している。

さて，現代の若者は新聞，ラジオ，テレビなど以外のメディアを情報源としている傾向にある。彼らはスマートフォンやパソコンを活用して情報を得る。たとえばSNSなどによって同じ消費者目線の人からの情報を集め，集めた情報と比較するために企業の公式ホームページを見たりWeb上の記事を読んだりする。

このようにSNSで個人が発する情報を得た上で，そこから検索し，さらに詳しい情報を得ているのである。そして辻（2001）が図10-5に示したように，消費者の中でイノベーターやオピニオンリーダーと呼ばれる時代をきりひらくような創造型の挑戦者たちが流行をつくると，それを真似したい模倣型，いち早く取り入れて同一化したい自己顕示型，特別に意識することなくすんなりと受け入れられる適応型の消費者たちがそれぞれ流行志向を有しているので，市場を活性化する役割を担う。一方で，流行には抵抗感がある葛藤型の消

```
創造型      ──→ 挑戦者（イノベーター，オピニオンリーダー）
模倣型    ╲
自己顕示型 ──→ 流行志向
適応型    ╱
リスク回避型 ──→ 流行の部分的受け入れ，時間差による模倣
葛藤型     ──→ 流行拒否
```

出所：辻（2001）より筆者加筆

［図 10-5］流行のパターンによる消費者の分類

費者は，流行を受け入れることを拒否する。また，流行志向と流行拒否の間に位置するのはリスク回避型の消費者である。彼らは，流行のすべてを即座に受け入れることなく，時間を少しおいて，周囲の様子を見ながら少しずつ摸倣を開始する。そして，抵抗の少ないものから部分的に受け入れを開始していく。このようにして自分に似合わないものへのリスクヘッジを行うのである。

第4節 ファッション・マーケティングの課題

　ファッション・マーケティングの課題の中で重要なものを以下に述べていこう。

4-1 時間に対する課題

　第1に，流行は「ながれいくもの」なので，そのはやりの流れをマーケティングに活用することは時間との戦いにもなる。製品のライフサイクルでいえば導入期から成長期が流行の期間になるのだが[vii]，最近の流れはファストファッションが示すように時間が短い。よって，短い時間になるべく多くの人々に情報を発信して，購買行動をうながさなくてはならない。そのためには，いかにプロモーションが重要かということが理解できよう。つまり，誰が情報を発信すれば反響が大きいのかを見極めて，情報発信の依頼（依頼できる相手がある場合のみ）や発信のタイミングを図らなければならないのである。

　また，提供する情報そのものにも工夫が必要だ。消費者は製品やサービスのすべてを知りたいわけではない。自分の興味や関心のある部分の情報さえ手に入れることができれば満足し，逆に興味のない情報を提示されても，面倒に思

うだけである。ファッション製品は精密な機械ではないので，アフターケアも簡単である。そのため，情報は素材，洗濯方法や保管方法等の製品の扱い方などで済む。消費者は，製品の材質もさることながら，デザインの特性やデザイナーの来歴やブランドの市場の位置づけなどの情報に関心がある。具体的には，誰が好んでいるのか，流行しているのか，有名なデザイナーの作品であるのか，価格帯はどの程度なのか，どのようなシーンでの着装が良いのかという情報を必要としているのである。また，着こなしの方法や小物の合わせ方などの情報も望んでいる。このような消費者のニーズに応えるために，ファッション雑誌は，シーンを提案し，着こなしに対するアドバイスやコーディネートの提案をしている。そして，提供する情報によって，次の流行を構築することも可能になる。よって，時間という軸を根本に据えた情報発信は消費者とのコミュニケーションとして，ファッション・マーケティングには欠かせない重要な問題である。

4-2　意識に対する課題

　第2に，消費者の生活と意識の問題がある。これは消費者行動の変化によって，人々の感性にも変化が見られるからである。もともと製品は生活を営む上で，機能性を重視するものと感性を重視するものに分けられ，ファッションは後者の感性を重視する製品の仲間に入る。よって好意や選択基準などの心理的要素の分析を細やかに行わなければならない。しかし，消費者の好みに合わせた手作り品やオーダーメイド品ばかりではないのが現実であるため，人々の好みの共通項やニーズの度合いなどの把握が必要になる。つまり，共通項や度合いの測定方法とその結果から明らかになった消費者の意識を，マーケティングに活かすためのシステムが必要なのである。

4-3　対象に対する課題

　ファッションは消費者の基本属性（年齢，所得，居住地など）での分類だけでは解決しない分野である。それゆえに，基本属性での切り口では，現在も今後も消費者の満足は得られない。たとえば，現代は女子高校生や女子大学生とその母親たちがアクセサリーや洋服をシェアすることも珍しくはない。サイズ

が合い気に入ったものであれば、着ることに何の問題も生じない。また、化粧品にしても肌に直接ふれる基礎化粧品以外のメイクアップ用化粧品は感性で選択する。この場合は、若者を中心に流行している韓国コスメを50歳代でも使用することもある。なお、韓国コスメは価格の安さも魅力であるが、それだけではない。消費者は安いから購入するのではなく、価格に見合うもの、いわば価格の妥当性を評価している。また、日本の化粧品にはない発色の良さなどにも惹かれているのである。よって、好悪、こだわり、選択基準などの感性にかかわる指標や尺度をいかにマーケットに反映させられるのかが第3の課題となる。

4-4　産業としての課題

　第4に、持続可能な社会に対してファッション産業はどのように向き合うべきかという問題がある。洋服のリユースやリサイクルはすでに現在でも行われている。しかし、流行があるということは、一時期にある程度の量のものが市場に出回り、時期が過ぎれば売れなくなる。大量につくらないという姿勢の企業もあるが、それはブームメントを作り出さない。流行と定番の中で、過剰に生産せずに適正な量で、原材料の無駄をせず、再利用をしていくことは大きな課題である。

i　新村出編（2018）『広辞苑［第7版］』岩波書店、p.2517 より引用。
ii　上掲書、p.3086 より引用。
iii　久世敏雄・斎藤耕二監修（2000）『青年心理学事典』福村出版、p.310 より引用。ここで引用した箇所以外にも、神山進はファッションについて次のように述べている。「ファッションは自己の確認や強化、変身願望の充足、創造の楽しみ、身体的・外見的欠陥の補償、身体的・外見的魅力の向上、周囲への同調、社会的役割への適合、男らしさや女らしさの自覚や表現、などといった社会・心理的効果ももっている」。
iv　出牛正芳編（1995）『基本マーケティング用語辞典』白桃書房、p.177 より引用。
v　文化服装学院編著（1981）『ファッション・ビジネス』文化出版局、p.11 より引用。このページは菅原正博氏が担当している。

vi　日本では1994年に出版された円子修平・大久保健治訳『文化の哲学』(ジンメル著作集7) 白水社でジンメルの説を紹介している。

vii　第2章でもすでに述べているが，製品のライフサイクルには4つの時期がある。導入期→成長期→安定期→衰退期で，安定期に入ると定番商品になり，衰退期になるとメーカーは生産を中止し，撤退のタイミングを見計らうようになる。

参考文献

久世敏雄・斎藤耕二監修（2000）『青年心理学事典』福村出版

椎塚武（1985）『アパレル産業新時代—ニュー・ファッション・ビジネス未来戦略—』ビジネス社

辻幸恵（2001）『流行と日本人—若者の購買行動とファッション・マーケティング』白桃書房

出牛正芳編著（1995）『基本マーケティング用語辞典』白桃書房

文化服装学院編（1981）『ファッション・ビジネス』文化出版局

星野克美（1985）『消費の記号論』講談社現代新書

明治大学商学部編（2015）『ザ・ファッション・ビジネス—進化する商品企画，店頭展開，ブランド戦略—』同文舘出版

Column. 流行の運命

　流行はいつか廃れてしまう。流行りものは，定着すればやがて定番となり，それは流行ではなくなる。また，定着せず飽きられてしまった流行りものも姿を消していき，これもまた流行ではなくなる。よって，永遠につづく流行は存在しないのである。

　スカートの丈が流行を示した時代もある。たとえば，スカートの丈が長く，いわゆるロングスカートが流行すると，やがていつの頃かイノベーターたちが短いスカートをはいて，世の中に挑戦する。そして，流行志向の多くの追随者たちがミニスカートをはくようになると，またイノベーターたちが長い丈のスカートをはくのである。まるで振り子のようにスカートの丈が長くなったり短くなったりを交互に繰り返していた。しかし，今はスカートの丈で流行をはかることはできない。なぜならば街中では短い丈のスカートも長い丈のスカートも見受けられ，両立しているからである。スカートだけではなく，女性のパンツの裾もストレートを基準にカットブーツ，ワイルドパンツ，七部丈パンツと形や種類が豊富で，1970年代の学生たちのようにジーパン一色でもない。このように多種多様な装いが自然に街にあふれていると，流行がかすんでくるように思うが，そうではない。現在も多種多様な装いの中にもしっかりと流行は存在しているのである。

　たとえば，安価で色鮮やかな韓国のコスメ，ハンドメイドのアクセサリーなどの流行は誰もが知っている。流行が小ロットで，展開が速くなってきているので，様子を見ている間に過ぎてしまうこともある。言い伝えでは，チャンスをもたらす神様は前髪しかないと言われ，後ろ髪がないため，出会った時にその前髪をつかまないとチャンスが去ると言われているが，まさに現在の流行は，見つけた時に即座に取り入れなければ，あっと言う間に通り過ぎていってしまうのである。

第11章

キャラクター・マーケティング

第1節 キャラクターとは

1-1 キャラクターの定義

　キャラクターとは，「①性格・性質。「ユニークな—」②小説・漫画・演劇・映画などの登場人物。また，その役柄や性格。「—商品」③文字。記号。」と辞書に紹介されている[i]。ここで述べるキャラクターは，②の意味に近い。

　最初にキャラクターの種類を紹介しよう。たとえば，企業が独自で有しているキャラクターを企業キャラクターと呼ぶ。企業キャラクターたちは，その企業のイメージを良くし，商品の販売促進に役立つようにつくられており，ハム係長[ii]やペコちゃん[iii]が例示できよう。

　また，地域などのPRを目的としたキャラクターをゆるキャラと呼ぶ。ゆるキャラとは，漫画家・イラストレーターであるみうらじゅんがつくった言葉である。みうら（2006）は，ゆるキャラの特徴を①どこかにゆるさを感じる形や表情をもっている，②地域と密着している，③着ぐるみが製作されている，の3つであるとしている。このゆるキャラは，もともとは地域活性化のためにつくられ，その地域の代表的な役割を担い，その地域の特産物をはじめ特徴を他県や他国に宣伝することが期待されている。そのため，ゆるキャラたちは地域のイベントや記念行事には率先して活用される。また，ゆるキャラは企業キャ

ラクターのように企業が有している場合もある。

　また，アニメや漫画の登場人物は「アニメキャラクター」と呼ばれている。アニメショップなどに行くと，そこにはアニメキャラクターがプリントされた文具や洋服など様々なキャラクターグッズが販売されている。もちろん，キャラクターグッズはアニメキャラクターだけではない。企業キャラクターやゆるキャラのグッズも多くの場所で販売されている。

1-2　キャラクターの背景

　ここで，代表的なゆるキャラであるくまモンを例に挙げて紹介しよう。たとえば，多くの人々が知っているくまモンは，熊本県が所有しているゆるキャラである。このくまモンをパッケージにあしらった商品は，食料品や文具など多岐にわたる。くまモンは，熊本という地域やその地域の産物を全国に広めたり，熊本県に観光客を呼び寄せたりするために誕生した，地域と密着した「ゆるキャラ」の代表的存在なのである。日本銀行熊本支店によると，くまモンの経済効果は1244億円と算出された。これは，2011年11月から2013年10月の2年間の数字である。この2年間に，くまモンがテレビや新聞に取り上げられた広告効果は90億円と算出された。この広告効果をパブリシティ効果と呼ぶ（青木, 2014）。また，くまモンが有名になったきっかけは，2011年度の「ゆるキャラグランプリ」において優勝したことである。「ゆるキャラグランプリ」とは年に一度開催され，全国のゆるキャラたちが集まり，人気を競うコンテストである。このグランプリで優勝すると，全国的に有名になれるのである（山田, 2000）。

　次に，企業がキャラクターをいつ頃から活用したのかを紹介しよう。年配の方々は，薬局店の前でよく見かけた橙色の象を覚えているだろう。この象はサトちゃんと名づけられた企業キャラクターであり，このサトちゃんは佐藤製薬が1959年から使用している。このように企業キャラクターは，文字ではなくビジュアルに訴えるマーケティングの手法として，古くから使用されていたのだ。現在も同様であり，たとえば，生身の人間から質問に回答してもらうよりも，ハム係長のようなキャラクターから返事をもらった方が，消費者はより親近感を持ってくれるとメーカーは考えている。

キャラクター・マーケティングとは，キャラクターを利用して消費者の好感度を上げて，商品を受け入れてもらいやすくするための販売促進であり，企業名を想起してもらうための仕掛けでもある。次節では調査をした結果，キャラクターを付すとより消費者に受け入れてもらいやすくなる商品について述べる。

第2節 キャラクターを使用した商品のイメージ
―ゆるキャラについて―

2-1 調査概要

では，どのような商品にキャラクターを付けたら，消費者はより興味を示してそれらの商品を購入するのかを考えてみよう。キャラクターの使用あるいは利用の方法には2種類ある。商品そのものにキャラクターを使用する場合と，パッケージに使用する場合である。

2016年8月20日に，京都府に在住の女子大学生20人を対象として調査を行った。20人を5人ずつ4つのグループに分け，各グループで，「ゆるキャラを使ったパッケージの方が，通常のパッケージよりも売れるものは何か」について話し合ってもらった。調査対象者（女子大学生たち）が話し合った時間は60分間で，各グループの意見を録音した。また，これとは別に2016年9月2日に留学生5人にも意見を出してもらった。留学生たちは中国1人，韓国1人，タイ1人，ベトナム1人，台湾1人であった。ゆるキャラを理解してもらうために，例としてくまモン（熊本県），ひこにゃん（滋賀県），せんとくん（奈良県）のクリアファイルを留学生たちに見せた。そして彼らに，ゆるキャラを使用していたら，購入したいと思う商品を挙げてもらった。

2-2 結果と考察

女子大学生たちが選んだ商品を表11-1に示した。これらは女子大学生たちがゆるキャラを使用した方が売れると判断した商品群である。合計76品目の商品が挙げられた。表11-1を見ると食品が24品目と1番多く，次に文具が15品目，3番目に小物が13品目となった。また，女子大学生たちが挙げなかった商品で，留学生たちが選んだ商品には，ポストカード，腕時計，扇子があった。

[表11-1] 女子大学生たちがゆるキャラを使用した方が売れると判断した商品

文具（15）	鉛筆，ボールペンシル，シャープペンシル，筆箱，はさみ，スティックのり，消しゴム，付箋，ノート，クリアファイル，バインダー，便箋，封筒，シール，クリップ
小物（13）	財布，タオル，ハンカチ，指輪，ブローチ，イヤリング，ピアス，ネックレス，ポーチ，口紅のケース，めがねケース，フレグランスのケース，卓上カレンダー
機器（5）	マウス，USBメモリー，アイフォンカバー，イヤーフォン，充電器
菓子（12）	クッキー，キャンディ，チョコレート，ラムネ，ガム，マシュマロ，ゼリー，ケーキ，プリン，饅頭，あられ，羊かん
食品（24）	パン，くだものの缶詰，魚の缶詰，肉の缶詰，ウインナー，納豆，豆腐，大根，ハンバーグ，ふりかけ，のり，牛乳，ヨーグルト，ジュース，そうめん，芋，卵，トマト，ほうれん草，キャベツ，ピーマン，しめじ，人参，カップヌードル
洋服（7）	Tシャツ，タンクトップ，ジーパン，靴下，手袋，スリッパ，帽子

出所：筆者作成

　表11-1に示されたとおり，多くの商品にゆるキャラを付けると売れると女子大学生たちは判断した。これはキャラクター商品が現時点でも女子大学生たちの目にふれていることを推察させる。また，表11-1には，文具など商品そのものにキャラクターを付けることができるものと，食品などパッケージにキャラクターを付けることができるものが混在している。

　この結果から考えられることは，商品そのものにゆるキャラを使用した方が売れると思われるものは，文具，小物，機器，洋服である。ただし，ケーキやパンはその形をゆるキャラを模して作成することは可能である。その他の食品，たとえば野菜や魚などはそのものをキャラクターにするわけにはいかないので，パッケージに使用した方が売れる商品群として考えなければならない。

第3節　ゆるキャラの商品を購入する消費者

3-1　調査概要

　ゆるキャラを使用した方が売れると判断する商品を明らかにするために，ゆるキャラを使用した商品を消費者がどのように評価をするのかを調査した。
　調査日程は，2016年8月30日から9月10日であった。日本人の調査対象者

は，大阪府，兵庫県，京都府のいずれかに在住の大学生とその親たちであった。男子大学生200人，女子大学生200人の合計400人を調査対象とし，質問票を郵送した結果，回収率は男子80.0％（160人）女子90.0％（180人）となった。また，彼らの母親たちも，学生たちと同じ質問票を用いて，110人から回答を得た。日本人以外の調査対象者は，アジア圏が出身地である留学生30人で彼らは全員関西圏の大学に在籍中である。基本属性は性別，居住地，年齢である。予備調査で得られた結果（表11-1）を用いて，それぞれ1から5までの数字で評価をしてもらった。数字の意味は1：たいへん賛成なので買う，2：やや賛成するので場合によっては買う，3：どちらでもない（わからない），4：やや反対なので買うのをためらう，5：強く反対なので買わない，である。

3-2　品目に着目した結果

表11-2に各調査対象者たちが品目別に評価した平均値を示した。品目は前出の表11-1の76品目に留学生たちだけが回答した3品目を加えて合計79品目である。

[表11-2] 品目別の平均値　　　　　　　　　　　　　　　　　　　　n=480

	品目	男子大学生	女子大学生	母親	留学生
文具	鉛筆	3.45	2.10	2.50	3.04
	ボールペンシル	3.55	2.00	2.50	2.05
	シャープペンシル	3.55	2.00	2.48	2.10
	筆箱	3.90	1.80	2.20	3.08
	はさみ	2.10	1.90	2.30	3.15
	スティックのり	2.00	1.67	2.10	2.10
	消しゴム	1.80	1.40	1.80	1.40
	付箋	2.20	1.90	2.00	1.20
	ノート	3.20	2.50	2.90	3.50
	クリアファイル	1.50	1.40	1.60	1.30
	バインダー	3.00	2.80	2.90	3.20
	ポストカード	4.30	2.80	4.50	1.20
	便箋	3.90	1.20	3.80	1.25
	封筒	3.20	1.80	2.35	2.90
	シール	3.40	1.75	2.45	1.50
	クリップ	1.80	1.85	1.90	1.80

	品目	男子大学生	女子大学生	母親	留学生
小物	財布	4.20	1.40	1.60	1.50
	タオル	3.10	1.50	1.70	1.30
	ハンカチ	4.50	2.05	2.80	3.20
	指輪	4.10	3.10	4.40	1.40
	ブローチ	4.25	3.10	3.80	1.50
	イヤリング	3.50	2.50	3.10	1.35
	ピアス	3.45	2.40	3.15	1.50
	ネックレス	3.28	3.25	3.24	1.40
	ポーチ	2.80	1.90	2.00	1.30
	口紅のケース	4.05	1.95	4.10	3.80
	めがねケース	2.40	1.87	4.20	4.20
	フレグランスのケース	3.10	2.80	3.20	3.10
	卓上カレンダー	1.50	1.20	1.80	1.60
	腕時計	4.40	2.50	4.80	1.50
	扇子	4.40	1.70	4.50	1.20
機器	マウス	2.80	2.85	3.20	2.90
	USBメモリー	1.80	1.60	3.40	1.60
	アイフォンカバー	4.20	2.90	4.10	3.08
	イヤーフォン	2.90	2.80	4.20	2.90
	充電器	3.05	3.05	4.10	3.40
菓子	クッキー	1.80	1.80	1.70	1.50
	キャンディ	1.90	1.75	1.65	1.55
	チョコレート	2.50	1.50	1.40	2.60
	ラムネ	2.90	2.10	2.40	3.00
	ガム	1.80	1.40	1.20	1.40
	マシュマロ	1.40	1.20	1.85	1.90
	ゼリー	2.10	2.10	2.40	2.80
	ケーキ	3.45	3.42	3.90	3.90
	プリン	4.10	4.05	4.65	4.00
	饅頭	3.20	2.90	2.80	3.00
	あられ	3.10	3.15	2.10	4.30
	羊かん	4.50	4.40	4.10	4.20
食品	パン	3.90	2.00	4.00	4.30
	くだものの缶詰	3.50	2.50	2.40	4.00
	魚の缶詰	4.50	4.10	4.50	4.60
	肉の缶詰	4.20	4.40	4.30	4.50
	ウインナー	3.80	3.40	4.00	4.50
	納豆	4.10	4.00	4.20	4.10
	豆腐	4.20	4.00	4.80	4.30
	大根	4.60	4.30	4.80	4.20

	品目	男子大学生	女子大学生	母親	留学生
	ハンバーグ	3.70	3.50	4.60	4.30
	ふりかけ	2.00	1.80	3.50	2.40
	のり	4.20	4.00	4.70	4.00
	牛乳	4.00	3.80	4.80	4.20
	ヨーグルト	4.20	4.20	4.70	3.80
	ジュース	2.00	1.50	2.50	1.80
	そうめん	4.80	4.50	4.80	4.00
	芋	4.70	4.10	4.70	4.10
	卵	4.60	4.00	4.80	4.00
	トマト	4.30	4.00	4.50	4.10
	ほうれん草	4.40	4.10	4.80	4.10
	キャベツ	4.50	4.20	4.90	4.00
	ピーマン	4.30	4.15	4.80	4.00
	しめじ	4.60	4.20	4.80	4.10
	人参	4.50	4.20	4.85	4.10
	カップヌードル	3.10	2.90	3.40	2.60
洋服	Tシャツ	2.90	1.20	2.90	1.20
	タンクトップ	2.40	1.20	2.00	1.10
	ジーパン	2.55	1.30	2.10	1.30
	靴下	2.00	1.30	2.00	1.10
	手袋	3.10	1.80	2.50	1.50
	スリッパ	2.80	1.80	2.40	1.20
	帽子	1.80	1.70	2.50	1.60
	平均値	3.31	2.60	3.27	2.73

出所:筆者作成

3-3 品目からの考察

表11-2を用いて,品目を平均値によって3つのグループに分類した。

1) 4つの対象者が4.00以上のグループ(17品目)

> プリン,羊かん,魚の缶詰,肉の缶詰,納豆,豆腐,大根,のり,そうめん,芋,卵,トマト,ほうれん草,キャベツ,ピーマン,しめじ,人参

これらの品目は,学生や母親,そして留学生たちにもキャラクター商品としてはふさわしくないと判断された品目である。これらの特徴は素材である食べ物が多いということである。

2) 4つの対象者が2.00未満のグループ（8品目）

> 消しゴム，クリアファイル，クリップ，卓上カレンダー，クッキー，キャンディ，ガム，マシュマロ

これらの品目は，学生や母親，そして留学生たちにキャラクター商品として好ましいと判断された品目である。これらの特徴は，文具または日持ちのする菓子である。

3) 4つの対象者が3.00周辺（2.70～3.30未満）のグループ（4品目）

> バインダー，フレグランスのケース，マウス，饅頭

これらの品目は，学生や母親，そして留学生たちにもキャラクター商品としては，良いとも悪いとも判断がつかないという判断をされた品目である。

さて，以上の結果から「ゆるキャラ商品は食品にはむかない，つまり売れない」と考えられることがわかった。4つの対象者がすべて4.00以上のグループに17品目が含まれたが，それらの中では圧倒的に食品が多かった。この結果から考えられることは，キャラクターを付けても食品，特に素材に近いものは売れ行きに効果がないということである。キャラクターは，少なくとも何かしら加工された食品でないと，素材そのものをそれ以上キャラクターを用いてもイメージが良くならないということである。

また，表11-2からゆるキャラ商品は，文具や日持ちのする菓子が良いと考えられる。4つの対象者がすべて2.00未満のグループに8品目が含まれたが，それらの中に，消しゴム，クリアファイル，クッキー，キャンディ，ガムなどが挙げられたからである。文具には，日本でも昔からキャラクターを用いている（辻・梅村・水野，2009）。文具は勉強道具で，子供たちも使用することが多い。楽しい気持ちで勉強できる方が良いと考え，様々な文具にキャラクターが用いられた（山田，2000）。

3-4 対象者に着目した結果

表11-2をもとにして，対象者と品目との関係を表11-3にまとめた。下段の数字を見ると，3未満で1番多いのは女子大学生たちの52品目（20＋32）で

[表 11-3] 調査対象と品目数との関係　　　　　　　　　　　n=480

平均値／対象	男子大学生	女子大学生	母親	留学生
4以上5以下	28	18	31	24
3以上4未満	24	9	11	14
2以上3未満	17	20	26	10
1以上2未満	10	32	11	31

出所：筆者作成

あった。女子大学生たちは79品目のうち，52品目に対してゆるキャラを使用した商品ならば購入したいと考えていた。

1番少ないのは男子大学生たちで27品目（17 + 10）であった。男子大学生たちはゆるキャラを使用しても買わない品目がほかの調査対象者たちよりも多いことがわかった。

3-5　対象者からの考察

- 女子大学生たちの評価は1以上2未満が1番多く，ゆるキャラグッズに賛成であった。そのため，ゆるキャラグッズは若い女性に人気があると考えられる。キャラクターグッズに賛成していないのは，男子大学生たちと母親たちだった。そして，最も反対しているのは男子大学生たちであった。
- 表11-2の最下段の平均値が，2.60とほかの対象者たちと比較して1番小さい数字となったので，女子大学生たちはゆるキャラ商品を購入したいと思っていると考えられる。四方田（2006）は，日本の女子大学生たちは一般的に「かわいい」ものが好きであると述べている。キャラクターたちが女子大学生たちにとって「かわいい」ことも影響しているのであろう。
- 表11-2の最下段の平均値が3.27となり，母親たちは男子大学生たちと同じく，キャラクター商品を買いたいとは思っていない。キャラクター商品は，子供あるいは若い女性の好みであると香山（2002）が述べている。しかし，母親たちには，キャラクター商品は好みに合わないことが予想される。母親たちは，石井（1999）が指摘したようにブランド品の方を好むのである。
- 留学生たちはゆるキャラ商品を購入したいと思っていると考えられる。表

11-2の最下段の平均値が2.73で女子大学生たちと同じ傾向を示した。よって，留学生たちもキャラクター商品を買いたいと思っているのである。
- 男子大学生たちはゆるキャラ商品を購入したいとは思っていないと考えられる。表11-2最下段の平均値が3.31となり，ほかの対象者よりも1番大きい数字となった。男子大学生たちは母親たちと同様にキャラクター商品を積極的に買いたいとは思っていないのである。

以上のことから，女子大学生たちと留学生たちはキャラクター商品を買いたいと思っており，母親たちと男子大学生たちはキャラクター商品を買いたいとは思っていないことになる。

3-6 対象者間の相違

各調査対象の平均値（79品目）は，男子大学生3.31，女子大学生2.60，母親3.27，留学生2.73となった。以下に対象者間で相違があるか否かを平均値の差の検定（t検定）によって確認をした。その結果が以下の表11-4～9である。

対象者間の相違は，表11-4から男子大学生たちと女子大学生たちが異なることがわかり，表11-5からは母親たちと留学生たちが異なることがわかる。また，表11-6から母親たちと男子大学生たちは異なるとは言えないことがわかる。これは，P（T<=t）両側0.618＞0.05で2つの母集合の平均値に有意差があると判断できないからである。次に，表11-7から男子大学生たちと留学生たちが異なることがわかり，表11-8から女子大学生たちと母親たちが異なることがわかる。そして，表11-9から女子大学生たちと留学生たちが異なることがわかる。

つまり，男子大学生たちと母親たちは異なるとは言えないので，同じ傾向があると考えられる。この2つの対象群は，キャラクター商品を買わない人たちである。一方，女子大学生たちと留学生たちはキャラクター商品を買う人々ではあるが，2つの対象群は同じ傾向ではないことがわかった。

これらの結果から具体的には，留学生を糸口に外国人に対してアピールできることや母親世代のミドル女性に対してはブランドのロゴマークのようなキャラクターを構築する必要があることが考えられる。キャラクター・マーケティ

[表11-4] 検定結果

	男子	女子
平均	3.311772	2.597595
分散	0.954384	1.106375
観測数	79	79
ピアソン相関	0.734345	
仮説平均との差異	0	
自由度	78	
t	8.547083	
P（T<=t）片側	4.09E-13	
t 境界値 片側	1.664625	
P（T<=t）両側	8.17E-13	
t 境界値 両側	1.990847	

出所：筆者作成

[表11-5] 検定結果

	母親	留学生
平均	3.270506	2.731139
分散	1.3166	1.446454
観測数	79	79
ピアソン相関	0.629339	
仮説平均との差異	0	
自由度	78	
t	4.732688	
P（T<=t）片側	4.86E-06	
t 境界値 片側	1.664625	
P（T<=t）両側	9.71E-06	
t 境界値 両側	1.990847	

出所：筆者作成

[表11-6] 検定結果

	男子	母親
平均	3.311772	3.270506
分散	0.954384	1.3166
観測数	79	79
ピアソン相関	0.772591	
仮説平均との差異	0	
自由度	78	
t	0.49963	
P（T<=t）片側	0.309371	
t 境界値 片側	1.664625	
P（T<=t）両側	0.618742	
t 境界値 両側	1.990847	

出所：筆者作成

[表11-7] 検定結果

	男子	留学生
平均	3.311772	2.731139
分散	0.954384	1.446454
観測数	79	79
ピアソン相関	0.555487	
仮説平均との差異	0	
自由度	78	
t	4.930668	
P（T<=t）片側	2.26E-06	
t 境界値 片側	1.664625	
P（T<=t）両側	4.52E-06	
t 境界値 両側	1.990847	

出所：筆者作成

[表11-8] 検定結果

	女子	母親
平均	2.597595	3.270506
分散	1.106375	1.3166
観測数	79	79
ピアソン相関		0.81141
仮説平均との差異		0
自由度		78
t		−8.77694
P（T<=t）片側		1.46E−13
t 境界値 片側		1.664625
P（T<=t）両側		2.92E−13
t 境界値 両側		1.990847

出所：筆者作成

[表11-9] 検定結果

	女子	留学生
平均	2.597595	2.731139
分散	1.106375	1.446454
観測数	79	79
ピアソン相関		0.766719
仮説平均との差異		0
自由度		78
t		−1.51607
P（T<=t）片側		0.066772
t 境界値 片側		1.664625
P（T<=t）両側		0.133545
t 境界値 両側		1.990847

出所：筆者作成

ングとしては差別化を念頭に，個々の品目にとどまらず企業の認知度と好感度を向上させるためのグローバルな展開が考えられる。

注

i 松村明・山口明穂・和田利政編（2002）『国語辞典［第9版］』旺文社の p.319 より引用。
ii ハム係長とは，伊藤ハム株式会社が開設しているフェイスブックページのキャラクターである。
iii ペコちゃんとは，洋菓子を製作・販売している株式会社不二家が有しているキャラクターである。

参考文献

青木貞茂（2014）『キャラクター・パワー―ゆるキャラから国家ブランディングまで―』NHK 出版新書

荒木長照・辻本法子・田口順等・朝田康禎（2017）『地域活性化のための観光みやげマーケティング―熊本のケーススタディ―』大阪公立大学共同出版会

石井淳蔵（1999）『ブランド―価値の創造―』岩波新書

いとうとしこ（2016）『売れるキャラクター戦略―"即死""ゾンビ化"させない―』

光文社新書
小田切博（2010）『キャラクターとは何か』ちくま新書
亀山早苗（2014）『くまモン力―人を惹きつける愛と魅力の秘密―』イースト・プレス
暮沢剛巳（2010）『キャラクター文化入門』NTT出版
香山リカ（2002）『若者の法則』岩波新書
近藤健祐（2006）『100年愛されるキャラクターのつくり方―キャラクターづくりのポイントとノウハウ―』ゴマブックス
辻幸恵・梅村修・水野浩児（2009）『キャラクター総論―文化・商業・知財―』白桃書房
みうらじゅん（2006）『ゆるキャラの本』扶桑社
みうらじゅん（2009）『全日本ゆるキャラ公式ガイドブック』扶桑社
山田徹（2000）『キャラクター・ビジネス―「かわいい」が生み出す巨大市場―』PHP研究所
四方田犬彦（2006）『「かわいい」論』ちくま新書

Column. キャラクターの不思議

　キャラクターたちは生まれた時から役割を担っている。ある者は地域の活性化のために，ある者は商品の販売促進のために生まれてきた。以前の調査でキャラクターたちは三等身が多いことがわかっていたが，今はこれに加えて二等身が増えてきていると言われている。

　ところで，今も昔もモチーフの人気ランキングは変わらない。一番の人気は動物をモチーフにしたキャラクター，次に植物，鳥，魚，人物，昆虫，建築物と続く。動物は猫，犬，うさぎ，りす，ねずみなど身近な動物や小動物のモチーフが多い。ただし，くまモンは熊でも大人気である。

　キャラクターたちはつくられると年をとらないため，いつまでも変わらず元気である。それでも時々は時代に合うように目を大きくしたり，色の濃淡を考えたりとリニューアルされる。

　子供の頃から知っているキャラクターに，大人になって出会った時，ふるさとを離れた後にどこかで偶然に出会った時，手に取った商品に使用されて再会した時，キャラクターたちは何もかわらずに元気に笑って役割を果たしている。時代も場所も越えて心をほっこりさせてくれるキャラクターには不思議な魅力がある。

第12章

アート・マーケティング

第1節 定義と背景

　アートという言葉を聞くと，国内では多くの人がファインアート（fine art），すなわち純粋芸術としての美術作品や，奇抜な色彩やデザインの現代アートを思い浮かべるだろう。しかし本来の語源である英語のartはそのような狭義ではない。芸術全般，つまり視覚芸術である美術や建築，音響芸術である音楽，言語芸術である詩歌や文学，舞台芸術である舞踊などを含んだ広域的な芸術全般を表す。また日本語での芸術は，明治時代に学芸の基礎である7科を示したリベラルアーツの訳語として，啓蒙思想家の西周が「藝術」という言葉を用いたのが由来とされている。

　では具体的に芸術とは何なのだろうか。「芸術は悲しみと苦しみから生まれる」という言葉を残したのは，20世紀最大の芸術家として膨大な美術作品を残したスペインの画家，パブロ・ピカソである。彼の名前は，現代美術の手法の1つであるキュビズムの創始者として日本でもよく知られているだろう。また音楽の父と称されるヨハン・セバスティアン・バッハ（大バッハ）は「音楽は精神の中から日常生活の塵埃(じんあい)を掃除する」と芸術音楽の本質を言い表した。ようするに，芸術とは人間が美しいものを見聞きした感動や様々な喜怒哀楽，時に深い絶望や悲しみに打ちひしがれた感情により引き起こされた内的エネルギーを何らかの形で表現することであり，その作品に触れた人々の心に同様の

エネルギーを体感させ影響を与えるものなのである。

　一方，マーケティングとは「組織とステークホルダー（利害関係者）にとって有益となるように，顧客に対して価値を創造・伝達・提供し，顧客との関連性を管理したりするために行われる組織的な活動とその一連の過程である」とAMAの2007年の定義[i]で表されている。これは第1章でもすでに述べているが，現在では顧客に対しての売り方の工夫も顧客との関連性の中に含まれている。つまり，売る工夫をするためには顧客のニーズを知り，顧客の気持ちを知らなければならないのだ。また，近代マーケティングの父，フィリップ・コトラーは「どのような価値を提供すればターゲット市場のニーズを満たせるかを探り，その価値を生み出し，顧客に届け，そこから利益を上げること」とも定義しており，ピーター・ドラッカーは「顧客をよく知って理解し，製品が顧客のニーズや欲求にぴったりと合う製品やサービスを提供することで，ひとりでに売れてしまうようにすること」がマーケティングの目的であると定義している。

　さて，ここで問題なのは，はたして芸術とマーケティングの定義は相容れるのかということである。芸術家の純粋な情動によって生み出された芸術作品が，顧客という第三者の欲求やニーズに一致する価値となりうるのか。アート・マーケティングの使命とは，一見全く逆のベクトルを持つこれらを結びつけ，芸術というものが作家の自己の芸術的理想の追求にのみ完結せず，一般市場である消費社会にいかに受容され，流通し，経済的に成立させていくのかという課題を客観的，論理的に考察しマネジメントしていくことである。

　なお上記に述べたように，アートは美術以外の多方面の創作芸術全般をも意味するが，この章では筆者が主にかかわりを持つ機会の多い音楽と美術の実情を中心に述べていく。

第2節　アートの現場における現状と課題

　そもそも芸術家の才能とは，経営的感覚によるマネジメントの才能とは相反するものである。歴史に名を残す音楽家や画家たちを見ても，生前は作品が売れず生活に困窮していた例は多い。経済不安の中，生涯にわたり心身ともに荒

廃した生涯を送りながら作品を創作し，死後にやっとその作品が評価されたという芸術家のエピソードは枚挙にいとまがない。現代においても，「芸術では食べていけない」というのは周知の事実で，経済的理由により芸術創作を断念する若者も多いのではないだろうか。類まれなる才能のもとに素晴らしい作品が生み出されても，その作品が多くの人々の目にふれる機会を得られなければ，宝の持ち腐れになってしまうのである。

では彼らは何をすればよかったのか。少なくとも多くの人々の目にふれるためには広告，宣伝といった販売促進活動，つまりマーケティング戦略が不可欠である。しかし芸術家は，自らの欲求にのみ忠実に作品を生み出すことが芸術活動であるということに固執しがちであり，作品を市場である一般大衆にプロモーションするというような営業行為は，ときに屈辱であると考える者も多い。そこで重要となるのが，マーケティングの4P[ii]を役割分担し補佐する第三者の人物や組織である。つまり，芸術家は製品（Product）を創出することのみに専念し，残りの価格（Price），販売促進（Promotion），流通（Place）は，他者に任せるということである。それゆえに，いわゆるマネジャー，プロデューサー，サロン・画廊のオーナーやパトロンたちという存在が必要となってくるのである。もちろん現実には，芸術家は繊細で人一倍こだわりも強く，作品をめぐる互いのコミュニケーションのすれ違いや誤解による種々の問題というさらなる課題もある。しかし，本章ではポジティブに今後のアート・マーケティングはいかにあるべきかという点を述べていきたい。

第3節 インターネットの台頭によるマーケティング革命

かつての広告とは，業界を問わずターゲットに対し効果的に営業メッセージを伝えるために，複数のメディアを組み合わせるメディアミックスで行われた。これは，マス4媒体（新聞，雑誌，ラジオ，テレビ）やSP媒体（交通広告，野外広告，新聞折り込み，DM，電話帳広告）に広告を掲載するのが主であり，それにはまとまった資金が必要であった。そのため，大きな資本や組織を持たない芸術家は，作品を発信する術がなかったのだ。ところが時代の流れで新媒体であるインターネットが登場し状況は大きく変化しつつある。インタ

ーネットの普及により，今はホームページだけでなく，Facebookやブログ，Twitter，InstagramといったSNSで，アーティスト本人が，資金なしでプロモーションを行うことが容易になったのだ。また，それを目にした消費者側によって情報もすぐさま拡散される。このような，ソーシャル・ネットワーキングにおけるマーケティングの台頭は，組織に属さず活動する個人アーティストにとっての意味は大きい革新であった。しかしながら，第2節で述べたことと同様の理由により，SNSで精力的にプロモーションを発信していくことを好まない，または不得意な芸術家もまだまだ多い。意識改革に向けたアート・マーケティングの啓蒙的な教育も必要だろう。

第4節 マーケティングと教育

さて，アート・マーケティングがほかのカテゴリーのマーケティングと異なる理由は教育と啓蒙の仕方にある。

4-1 芸術供給者・アーティストへの教育啓蒙

第3節で述べたように，アーティスト側への教育とは非常に狭義で，マーケティングの4PのProduct以外の3つのP（Price, Promotion, Place）をいかに意識させるか，それがProductの作品づくりと同等もしくはそれ以上の重要性があるということを意識させる教育である。そのため，芸術系大学など，プロの芸術家として成熟する前の若いうちからバランスの良い思考と感性を育む必要性がある。作品づくりや表現にかける情熱と技術のみならず，広い視野で社会を学び，感性のみならず論理的，鳥瞰的な思考を持ったうえで芸術創作にあたることが望ましい。

4-2 芸術需要者への公益としてのアート・マーケティング

アーティストへの教育と，アートの需要者，つまり顧客としての観客への教育とは内容が全く異なる。ビジネスの世界では，顧客との長期的かかわりから利益を得ることを軸としたリレーションシップ（関係性）・マーケティングという手法もあるが，ここで述べる教育とはあくまでも芸術供給者個人や企業の

利益より社会全般の文化振興，地域振興の基盤づくりを目的とした，長期的かつ社会的広義的な公益としての利益の追求が目的である．

　近年はITの発達により，個人の価値観が多様化している．様々な情報がインターネットで手軽に手に入るようになり，海外のニュースすらリアルタイムで受信できるなど，情報のグローバル化によるメリットは数えきれない．しかしその一方で，外へ出かけなくてもパソコンやスマートフォンなどで多種多様な音楽や美術を享受できてしまう．このような便利すぎる現代社会において，美術館・博物館やコンサートホール，劇場へわざわざ足を運ぶ観客の確保と新市場の開拓は喫緊の最重要課題である．もちろん商業的，娯楽要素の強いイベントには既成の固定ファンがおり，メディアによるPRやSNSの口コミなどを通して安定した動員が見込めるかもしれない．しかし，まだ知名度が低いながらも芸術的価値の高いイベントに観客を呼ぶにはどうしたらよいのか．これについてもあらゆるメディアやSNSを用いてプロモーションすべきであると考えられる．芸術に無関心な層に対しこれを短期的に発信するのは現実的には非常に難しい．だからこそ大切なのは，知名度や流行，ファッション性による情報で集客できる顧客層だけではなく，芸術そのものを志向する人口を増やすことだ．特に次世代を担う子供たちに対する，長期的視点にもとづくアートへの啓蒙，教育が必要なのである．たとえば，子供への芸術教育が彼らの人間形成，情操教育に有効なのは言うまでもないが，彼らが成人した後に芸術文化に興味を示すか否かは，幼少期の遊びの中でいかに無意識に芸術と触れ合ったかがポイントになってくるのである．子供たちが気軽に参加できる文化教育，啓蒙目的のイベントを実施することで，将来のコミュニティの参加者1人ひとりの文化度が向上し，ひいては町全体の文化振興を底上げしていくことになるのではないだろうか．

　ここで著者が行った幼少期の芸術体験や環境と，学生の進路決定との相関関係に関するアンケートのデータを表12-1に，アート・マネジメント講義受講後のアンケート結果を表12-2に示す．

　このことから，芸術系大学生は幼少期から身近に芸術活動をしている人がおり，芸術に触れる機会が多く，経済系大学生は幼少期から芸術に触れる機会が少ない人が多くみられた．また，ともに講義を受講することで芸術に触れる機

[表12-1] 調査日 2016年4月19日～2017年6月20日

対象　近畿圏大学生3, 4年生

質問	解答	調査対象者	
		経済学部学生221名	芸術学部学生37名
両親，親戚，知人等の身近に芸術活動をしている人がいるか？	はい	63名	23名
	いいえ	158名	14名
幼少期から芸術（創作活動，音楽，美術鑑賞）に触れる機会はどれくらいありましたか？	全くない～年に1回	73名	1名
	1年に2～3回程度	54名	10名
	1年に4～5回以上	31名	26名

出所：筆者作成

[表12-2] 調査日 2016年4月19日～2017年6月20日

対象　近畿圏大学生3, 4年生

質問	解答	調査対象者	
		経済学部学生221名	芸術学部学生37名
アート・マネジメント，キュレーターという仕事を知っていましたか？	はい	17名	34名
	いいえ	204名	3名
この講義を受講して，芸術に触れる機会は増えましたか？	はい	183名	35名
	いいえ	38名	2名

出所：筆者作成

会が増えることが明らかになった。

現在，マーケティングにおいて体験や経験を重視するコト消費が注目されているが，マーケティングだけでなく，また芸術に限ることなく意味のある経験をすることが重要であると考えられる。

第5節　文化イベント実施概要と考察

それでは，幼少期に体験できアートに触れ合えるようなイベントとはどういったものなのか。ここでは筆者がかかわった阪神間の2つの文化イベントの実

施例と各種データをもとに，具体的に考察する。

5-1　港で出合う芸術祭　神戸ビエンナーレ

◆イベント実施概要（2015年度分）

　神戸市内に国内外の芸術文化の力を結集してアートのさらなる飛躍を図るとともに，地域の活性化につなげることを目的とし，2007年から2015年まで2年ごとに開催された芸術の祭典である。主会場は「メリケンパーク・ハーバーランド（写真12-1）・元町高架下エリア」をはじめ，神戸の中心地"三宮"に位置する「東遊園地・フラワーロードエリア」や中央区・灘区を南北に結ぶ「ミュージアムロードエリア」のほか，神戸市内一帯で展開される。マネジメントの組織は兵庫県，神戸市，大学，企業，芸術団体，新聞社等の様々な分野から結成され，幅広い専門的見識を集結。約70日間の開催中，来場者数は38万人にのぼる大規模なものであった。みなとまち神戸らしくコンテナと現代アートのコラボレーションなどを通じ，なかでも40フィートの輸送用コンテナを展示空間とし，自由な発想で，空間内に凝縮したアートの力と可能性を表現した「アートインコンテナ国際コンペティション作品」（写真12-2）などはみなとまち神戸らしいアート作品であり，全国にアート発信源としての神戸の名を印象づけた。未来を担う子供たちや学生，市民対象の芸術文化啓蒙イベントであると同時に，国内外の新進アーティストたちの登竜門でもある。

出所：神戸ビエンナーレ組織委員会
[**写真 12-1**] メリケンパーク・ハーバーランド

出所：神戸ビエンナーレ組織委員会
[**写真 12-2**] アートインコンテナ国際コンペティション作品

◆マーケティングのポイント

　統一したロゴマーク・カラーで神戸ビエンナーレ2015のイメージ浸透を図るとともに，出展作家などの情報や作品イメージを早期に発信することで広く興味喚起を図った。また，協賛事業やほかのアートプロジェクトなどと連携し，相互に広報を展開することで広く周知させることを図った。さらには，ピンバッジ，缶バッジ，Tシャツ，クリアファイルなどの公式グッズを作成し，セールスプロモーションは新聞紙，商業誌，フリーペーパー，公共刊行物，テレビ，ラジオ，CATV，その他映像，WEB・メールマガジン，ブログ，公式ホームページ，公式Facebook，公式Twitter，PR活動，PR展示，横断幕・バナーなどの掲出，交通広告と幅広く行われた[iii]。

◆イベントを通しての考察

　神戸ビエンナーレは，芸術文化活動により震災復興を図るための国際的な芸術文化の祭典である。後述する「野外アートフェスティバルinにしのみや」は主に市民対象イベント（交流のある宮城県を含む）であったのに対し，神戸は古くから国際港として発展してきた歴史もあり，みなとまち神戸の文化芸術とブランド力を広く国内外に発信することが目的でもあった。

　芸術需要者であるあらゆる世代の市民と交流し，アートへの理解や関心を喚起するという目的は次項の考察で述べるものと共通するが，さらに数々のコンペティション形式を活用することで，多彩なジャンルでの新進アーティストの発掘，育成にも取り組み，全国各地で行われているアートプロジェクトや各種芸術文化団体との交流を積極的に進めるなど，都市としての神戸の芸術文化力を国内外に発信することに成功した。総合プロデューサーである華道家，吉田泰巳を中心に全国から第一線で活躍する優れたアーティストたちをボードメンバーに迎え，英知を集結した体制に，行政，協賛企業が三位一体となり今後の文化振興への大きな功績を残した。集客のためのセールスプロモーションの詳細は，②で前述したような非常に大規模で様々なマーケティングの手法が用いられている。

5-2　野外アートフェスティバルinにしのみや

◆イベント実施概要（2016年度分）

　アーティストと市民，学生，子供たちが，野外の開放的な空間で，アートを

身近に感じ、触れ合い、そして互いに交流し、芸術文化を体験することを目的に、西宮市が公益財団法人西宮市文化振興財団、西宮芸術文化協会とともに実施している市民参加型の文化事業である[iv]。会場は西宮市役所前の六湛寺公園（写真12-3）、開催日は例年10月中旬の2～3日間実施。

　実行委員会は洋画、デザイン、日本画、書道、写真、彫刻・建築、工芸、音楽、芸能、文芸、能楽の11部門の中から各代表が選出され多種多様な角度から、展示作品、パフォーマンス、体験広場、アートフリーマーケット、野外ミニコンサートなどの多彩なアート企画が考えられている。2016年の「"小学生の詩"アーティストと児童による書と絵のパフォーマンス」（写真12-4）では、西宮市内と宮城県南三陸町及び女川町の小学生からテーマにもとづいた詩を募集して、応募のあった約1900点の中より選ばれた48点を、宮城県から6点、市内から42点を実行委員会が選び出し、それぞれの児童を会場に招待した。そして、アーティストと児童とのコラボレーションで、1時間あたり12名の児童を対象に計4時間にわたり、書と絵で横約2m、縦約1mの大パネルに即興表現した。

◆マーケティングのポイント

　イベントは子供を対象に特化したものではないが、より多くの家族連れを集客できるよう、チラシやポスターはファミリーをターゲットにしたデザインになっている。子供たちに人気の西宮のゆるキャラ「みやたん」と、兵庫県のゆ

出所：株式会社アトリエMIC

[**写真12-3**] 西宮市役所前の六湛寺公園

出所：株式会社アトリエMIC

[**写真12-4**] アーティストと児童による書と絵のパフォーマンス

るキャラ「はばたん」を当日参加させ，チラシにも写真を掲載することでより子供たちに魅力的なイベント告知となるよう作成された。広報活動は，市政ニュース，文化振興財団会報誌，地域の情報誌などの掲載，コミュニティラジオ放送での告知のほか，市内市立小学校全児童にチラシ配布によって行われた。

◆イベントを通しての考察

　野外の開放的な空間で子供連れのファミリーや学生を中心にアートを身近に感じ，触れ合い，交流することを目的としている。子供たちと対話をしながら創作することで，次年度に再来場し挨拶に来る児童や，将来美術に進みたいと相談に来る子供たちも増えてきた。これ自体は非常に小さな地道な活動と結果ではあるが，このような後進への啓蒙的教育の重要性をより多くの芸術供給者が認識し，意識を高め，個々の活動を積み重ねることが人間教育の一環であると同時に，確実に未来のアート人口の増加につながると言っても過言ではないだろう。

第6節　今後の課題とまとめ

　芸術文化事業やイベントの開催は長期的な意味でのアート・マーケティングになると同時に，子供のみならず市民全体の芸術理解や意識の向上，ひいてはその集合体であるコミュニティ，まちづくりの基盤となるというのは先のデータで述べたとおりである。つまりアート・マーケティングにおいて，アーティストの作品を芸術的付加価値とブランド力を駆使していかに売れるものにするかというアイデアと手法ももちろん重要である。だが，幼少期からの芸術教育の重要性，特に気軽に幅広い層の文化意識向上のための芸術文化イベントが，長期的なアート・マーケティングの礎となると同時にまちづくりの一端を担う要因として大きな働き（意味）を持つのである。市民参加の文化イベントが，一過性のもので終わらず継続的に開催することでさらにその意義と結果は有益となるものの，さらに大切なのは行事の物理的な継続だけでなく，その精神的継続があるという点にある。演出家の平田オリザが『芸術立国論』の中で次のように述べている。「いま文化行政では『継続性』ということがさかんにいわれている。たしかにこれまで打ち上げ花火型の企画が多かったことから来る反

動なのだろう。だが、芸術としての継続性とは行事の継続のことではない。継続されるべきはその精神であり、蓄積されるべきはその技術である。毎年おこなわれる行事でも、何の蓄積も精神的な継続性もないものでは、芸術的には意味がない」v。つまり、アート・マーケティングそのものは利益をもたらすものでなければならないが、目先の収支のみにとらわれてこの芸術精神を欠落させてはならないことが重要だと考えられる。

　また、芸術需要者である市民が供給の一端を担う市民参加型芸術イベントの際には、主催者側の行政と市民の間で十分な討論がなされずに、それぞれの異なる立場から互いのステレオタイプ的価値観によるすれ違いや誤解が生じがちであるが、これを打開するためには元文部科学副大臣の鈴木寛の提唱する「熟議」の手法と精神が有効であるのではないかと考えられる。この熟議とは熟慮して十分に議論する事であり、皆が集まり熟議を行う事により、情報過多の中で思考停止している自分に気づき、人から自分の知らない事があることを学ぶことができる。さらに立場により様々な考えがある事に気づき、相手を理解し尊重することで濃厚な関係が構築できるため、価値観のすれ違いにより起こる問題解決の糸口になるのではないかという事を補足して述べておきたい。

i 　池尾恭一・青木幸弘・南知惠子・井上哲浩（2010）『マーケティング』有斐閣のp.5より引用。
ii 　先にも述べているが、マーケティングの4Pはマーケティングを行う上での基本とされている。
iii 　神戸ビエンナーレ組織委員会（2015）『港で出会う芸術祭　神戸ビエンナーレ2015　作品記録集』美術出版社、pp.170-173より引用。
iv 　公益財団法人西宮文化振興財団（2016）『第24回野外アートフェスティバルinにしのみや　実施の記録』p.2より引用。
v 　平田オリザ（2001）『芸術立国論』集英社新書、p.49より引用。

参考文献
一色正彦・田上正範・佐藤裕一（2013）『理系のための交渉学入門』東京大学出版会
伊藤裕夫・中川幾郎・片山泰輔・山崎稔惠・小林真理（2001）『アーツ・マネジメ

ント概論』水曜社
川又啓子（2004）「アートとマーケティング―Marketing as Communication―」『慶應義塾大学アート・センター／ブックレット1　芸術のプロジェクト』慶應義塾大学アート・センター，pp.73-82
小林進（2004）『芸術と経営：理論・実務・リサーチ』雄山社
鈴木寛（2003）『熟議のススメ』講談社
辻幸恵・梅村修（2006）『アート・マーケティング』白桃書房
平田オリザ（2001）『芸術立国論』集英社新書
松田優（2016）「地域デザインと芸術文化」『地域デザイン学会全国大会』地域デザイン学会，pp.35-38
トルストイ，L. N. 著・河野与一訳（1958）『芸術とはなにか』岩波文庫

Column. 舞台芸術から見たまちづくり

　舞台制作の工程はまちづくりに似ている。一見，何の共通点も無いと思うかもしれない。たとえばオペラ，ミュージカル，ストレートプレイの芝居，どんな舞台にもそのバックグラウンドには，プロデューサーや脚本家，演出家など各分野のプロフェッショナルスタッフがいて，表舞台の演者と共に，観客に感動を提供し，客席の割れんばかりの拍手を聞きながら作り手としての最高の達成感に満たされる。そして各自治体には首長がいて多くの部署に分かれた職員が在籍し，それぞれの専門知識を活かし市民の物質的，かつ精神的な生活向上のための様々なサービスを提供している。自治体での市民は劇場内の観客である。舞台空間には古今東西の文豪や作曲家が織りなす様々なストーリーがあり，まちのコミュニティには老若男女の喜怒哀楽に満ちた現実の人生模様がある。また，舞台上の出来事は，一見一方通行の情報発信に見えるが，実は観客との双方向の理解やコミュニケーションがある。演者は観客の興奮や悲しみといった息遣いを感じ，そこに一体感が生まれ共感や感動が生まれる。自治体のまちづくりにも市民との情報の共有，熟議，そして共感や感動は不可欠であるため，観客や市民の目線に立ったマーケティングこそが要であると考えられる。

第13章

WEBマーケティング

第1節 インターネットを活用した新しい展開

1-1 インターネットとWebマーケティング

　現代におけるインターネットの普及については，誰もが知ってのとおりである。かつては生活に役立っているインターネットはパソコン通信と呼ばれた時代があったが，1994年から1995年に登場したWindows95によって飛躍的に身近な存在になったのである。まさにインターネットを介して，個人が世界とつながることが可能になったのだ。そして，今やスマートフォンさえあれば，日常生活における情報収集（検索），ショッピング，コミュニケーション（LINE，メール），情報発信（Twitter，ブログ，Instagram）など多くの事象はまかなえる。さらに新幹線の座席をとることもできるし，電子チケットで不正転売を防ぐこともできるようになった。

　このような中で，マーケティングの手法としてもインターネットを活用するのは当然の流れである。たとえば，インターネットを介しての調査やビッグデータを用いての分析などが一例である。また，調査を実施しなくても，ランキングなどで人気がある商品や人を検索することは日常的に可能である。私たちは世の中での出来事を簡単に知ることができるようになったと言えよう。このように，インターネットのマーケティングへの応用は現時点でも多くなされて

いる。これらのインターネットを通じてのマーケティング活動のことをWebマーケティングと総称している。Webマーケティングの特徴は、簡単に知ることができ、広く知ることができ、そして消費者と双方向的であることが挙げられる。

たとえば、CHEERZ（チアーズ）というアプリを知っているだろうか。このアプリは、アイドル自身が画像を投稿し、それらに対して彼・彼女らへ応援ポイントを送ることができるというシステムになっている[i]。少し詳しく説明すると、まず閲覧者側は登録したアイドルの写真を見ることができ、自分の好みのアイドルを探し出すことができる。次に、気に入ったアイドルを見つけると応援をすることが可能だ。つまり見て、探して、応援するという3つの楽しみ方ができるコンテンツなのである。ここでは誰もが、アイドルの人気の動向を知ることができ、次にヒットしそうなアイドルの方向性も理解できるため、インターネットを通じて将来のヒット予測も可能になる。CHEERZのインターネットを用いた検索や支援はマーケティング手法の商品探索・企画、広報の手法とよく似ている。

1-2　インターネットビジネスとは

以上のように、インターネットを駆使することがWebマーケティングの特徴である。ただし、よく似ているがこれはインターネットビジネスとは異なる。後にも説明するが、インターネットビジネスは「インターネットを取り入れた新しいビジネスの形態全般」のこと[ii]で、イメージとしては電子商取引よりも広い範囲をカバーしている。電子商取引はインターネットビジネスの1つに過ぎない。

インターネットビジネスの特徴については、片岡ほか（2011）が図示している[iii]。その図をここでは引用し図13-1として示した。図のとおり、インターネットビジネスには、道具としての特徴、電子化という特徴、そして活動という3つの特徴があり、最終的には2つの目標がある。それらは、「ビジネス環境の変化による新たなビジネスモデルの創出」と「企業中心の市場から消費者主体の市場への変化」である。先に例示したCHEERZは、消費者が自分の好みのアイドルを応援（チアー）でき、そして人気が出れば、自らが育成したことに

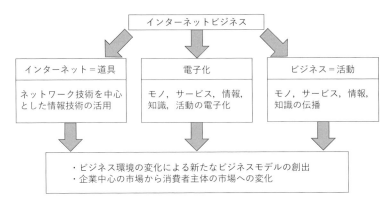

出所：片岡・工藤・石野・五月女（2011）p.3 図1.2を引用

[図13-1] インターネットビジネスの特徴

なるため，まさに消費者主体のアイドル育成コンテンツと言える。

現代の日本社会では参加型のイベントが人々に受け入れられやすいので，アイドルという手に届かない存在をより身近に感じ，さらに支持することによって育成することはアイドルとともに成長しているという参加意識を感じさせるのである。

図13-1に示したように，インターネットを活用したビジネスは従来のビジネスとは異なり，消費者主体の市場へと変化する。これは先に述べたように消費者からの情報発信が大きな柱となる。なぜなら，企業からの一方的な広告では，現在の消費者は信用しないと言えるからだ。つまり，多くの消費者たちは何かを検索して企業からの情報を得たとしても，その情報を鵜呑みにはしないのだ。そのため，企業には消費者に信用してもらえる広報戦略が必要になる。この戦略では企業からの情報をいかに正確に消費者に届けるのかが重要なのである。一方，消費者は口コミサイトを見て，そこでの噂などを参考にする。もちろん，噂には肯定的なものと否定的なものの両者が存在するため，最終的には消費者自身が判断することになる。

1-3 インターネットの普及による影響

さて，インターネットが社会に与えた影響について考えてみよう。まずは，

出所：筆者作成

[**図 13-2**] 商品購入意思決定への影響要因

購入者側の変化が挙げられるだろう。従来であれば購入者は，企業からの広告や説明を聞いて，商品の価値判断をしていた。しかし，Twitter，ブログ，SNSなど企業ではない同じ消費者からの目線での情報を得ることができるようになったのである。

　図13-2に示したように，インターネットを活用するビジネスは消費者の購買行動や購入意思決定に影響を及ぼしたと考えられる。欲しいというニーズは，検索という形ですぐにかなえられる。また，即日配送のような便利な機能があるため，手元にくるまでに時間もかからない。購入時に慎重になるのであれば，ほかのサイトから商品や企業の評判を検索することもできるのである。つまり商品に対して消費者目線での評価が可能になり，商品そのものだけではなく，商品に付随する価値やサービスについても判断が可能となった。特に，商品を注文するときの簡便さや返品のしやすさは，まさにインターネットが普及したことによる恩恵である。

　一方，インターネットの普及によって，販売数が落ちたものもある。代表的なものはCDである。音楽や動画がダウンロードで購入できるようになったためである。かつてのレコードがCDに代わったように，今はCDがダウンロード販売に代わったのである。CDの売上が落ちた理由は，スマートフォンの普及によるiTunesなどの有料配信サービスの増加，AWA，LINEMUSICなどの定額制アプリの登場，YouTubeなどの動画サイトでのミュージックビデオの増加が原因と言われている。

つまり，現代では売り手と買い手との関係にも変化が見られるため，企業は前よりもコミュニケーションをどのようにとるかということを考えているのだ。そして，正しく企業の良さや商品の良さをいつ，どのタイミングで，誰に伝えるべきなのかを模索しているのである。

第2節 インターネットを利用した商品販売

2-1 従来の常識からの発想を崩す新しいサービス

インターネット販売においてよく聞くのが「インターネットを利用した方がよく売れる商品は賞味期限が長いもので腐らないものやサイズへの要望が少ないものである」という意見である。なぜならば，賞味期限が厳しい生鮮食品はインターネットでの販売には向かないと考えられているからであり，洋服や靴などのようにサイズがあるようなものも試着をしてみないとわからないからである。つまり，同じMサイズでもメーカーやデザインによって違いがあるため，本当に自分の体にフィットするか否かは，実際に履いてみないとわからないと考える顧客はまだまだ多いということだ。そして，これ以外にも家具などもサイズはわかっていたとしても，その存在感などは置き場所によるし，インターネットでの写真だけではリアルな色合いや風合いまではわからないと思えるからである。

しかし，現実的にはインターネットを活用した洋服の販売は増加傾向にある。ユニクロも，今やネット販売で多くの利益を得ているのである。また，女性向けの洋服の通信販売においても電話対応のオペレーターたちの活躍によって，サイズ，肌ざわり，触感などを伝えることが可能になっている。このオペレーターたちは，顧客と同じ年齢くらいの女性が多く，同性のコミュニケーション能力で，円滑に販売促進をしていると言える。よって，従来のように賞味期限が長く，腐らないものやサイズがないようなものだけがインターネットビジネスに向いているとは言えないのである。

もちろん，従来の発想の延長上にあるものもインターネットを活用するビジネスには向いている。たとえば，従来の発想からすれば賞味期限も無く，サイ

ズもあまり気にならない物の代表として書籍が挙げられる。書籍にしても，最近は電子化が進んでいるが，それでも紙ベースの本がAmazonやYahoo!を通じて販売されている。特に中古品となった本は，その本自体の状態によって値段も異なり，顧客が満足できるように設定されている。また，その顧客が知らなかった関連本の紹介などがインターネット上でされており，本の販売促進にも役立っている。まさに，中古品を活用したエコビジネスとも言えよう。

インターネットが存在しなかった時代は，本は本屋に行かなければ見られないものであった。また，原則として本屋でしか売っていないものであった。しかし，今や全国のどこにいても本をインターネットで注文することは可能である。さらに，受け取りも自宅以外にも近くのコンビニエンスストアでも可能であるため，日中，会社や学校などに出かけて不在であったとしても，自らの都合にあわせて確実に注文した商品を受けとることができるという便利さがある。その時間的な利点や近くという距離的な利点が消費者をリピーターにしているのである。

2-2 インターネットを使用したビジネスの特徴

すでに，第1節でも少し述べたが，インターネットを使用したビジネスをインターネットビジネスという。ただ，インターネットビジネスといえども，統一的な呼び方はされていない。よって，「e-ビジネス」あるいは「Eビジネス」と表記されることもある。また，「コンテンツビジネス」や「ネット販売」などもインターネットビジネスを指していることもある。一般的に，インターネットで注文ができればインターネットビジネスであると思われているのが現状である。しかし，現実的には先に掲示した図13-1に表されているように，道具としてインターネットを利用しているビジネス，モノやサービスを電子化しているビジネス，知識そのものをインターネットで活用しているビジネス，というカテゴリーに分類できる。つまり，インターネットビジネスには，ビジネスの対象となりうるモノ，サービス，知識，情報が存在しなければならない。また，提供する送信者と購入する受信者がいなければ取引は成立しない。そして，成立させるための過程において，検索，注文，支払い，配送などのシステムが必要になってくる。

もちろん，インターネットビジネスではなくても，前述のシステムなどは必要である。大きな違いは情報というサービスを提供できること，つまり必ずしも実体があるものだけを取引対象にしていないことがインターネットビジネスの特徴である。

　このインターネットビジネスの例として，ハンドメイド・手作り・クラフト作品をインターネットで販売しているサイトであるCreema（クリーマ）[iv]が挙げられよう。作品一覧のページにはメインカテゴリーのボックスがあり，そこをクリックすると，アクセサリー・ジュエリー，ファッション・家具，雑貨・ステーショナリーなどの17種類のカテゴリーが出てくる。また，作品を絞りこむために，カテゴリーではなく，金額や色からも検索ができるようになっている。ほかにも，オーダーメイド対応やギフトラッピング対応のオプションもついており，また，これとは別にキーワード検索や作家名での検索も可能だ。つまり，買い手が求めているものを確実に検索できるシステムを有しているのである。並び替えの機能や新着順，あるいは価格の安さからの検索もできるため，時間のロスも少ない。そのため，顧客は限られた時間の中で，店舗に行くよりもはるかに多くの作品を見ることができるのである。

　従来であれば，雑貨店やアクセサリーの店に行って，自分の感性に合う雑貨やアクセサリーを探してまわることが通常であった。しかし，今はサイトを見つけて検索することで，より多くの雑貨やアクセサリーに出会うことが可能である。よって，消費者（顧客）の行動には変化が見られる。つまり，漠然としていても，欲しいと思うモノを検索していくことが購入の入り口になり，目にとまったから買うのではなく，目にとまらせるための検索機能が，最初の購買行動につながるのだ。そして，これがまさにインターネットを活用したWebマーケティングなのである。また，店頭のポップを見ることなく，検索者は口コミサイトの評価を重視する。つまり，インターネット上の噂をチェックするのである。これは消費者側の情報であるため，提供者が操作することは不可能だ。ようするに提供側が広告をしても，信用されるのは口コミであることが多いこともインターネットを活用するビジネスの特徴なのだ。

第3節 Twitterの活用とマーケティング

3-1 活用の広がりと注意点

　Twitterにおけるツイートとは,「140字以内の文字投稿」のことである。140字という手軽さとインターネットで伝播させるというシンプルさのため,全世界に受け入れられ,多くのユーザーが投稿された情報を共有している。つまり,大勢の目にふれるということはマーケティングの4Pのうちのプロモーション[v]にあたる活動が行えるということだ。ここから,Twitterを使ったマーケティングを紹介していこう。

　Twitterが爆発的な広がりを見せたのは,2007年のイベントがきっかけであった。音楽関係者や有名人,政治家に利用されて広がったことと,もうひとつはメディアが利用したことによる。つまり,ニュースなどがリアルタイムにツイートされ,それらを人々がリアルタイムに見ることができたからである。

　日本においては,つぶやくことから始まった。つまり自分自身の日記のような感覚から始まったと言えよう。よって,意見交換をしたり,世界とつながったりということを当初は目的にはしていなかったのである。

　ビジネスをする場合に,誰でも,どこでも,いつでもということは重要である。ある特別な人々しか使えないものや,複雑なものは,流行には向いていない。ニッチ戦略で,人数の少ないところにターゲットを絞ってビジネスを展開する場合もあるが,インターネットを活用する場合には,やはり大衆(マス)がターゲットになる。また,日本でTwitterが広がったのは,2011年の東日本大震災がきっかけであると言われている。震災後に首相官邸の災害・危機管理情報のアカウントが開設されたことも,Twitterが広まる糸口となった。

　図13-3を見ると4年間で,爆発的に増加したことが理解できる。災害などの大きな出来事の情報を各自がTwitterで発信していれば,その中には間違った情報も混ざってしまっていることがある。その間違った情報を信じて多くの人々が行動を起こす危険性があるので,公的な機関がTwitterをしている方が安全であるという考え方から,公的な機関がTwitterを始めたのだ。このこと

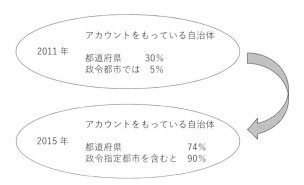

出所:崎谷（2016）より引用

[図 13-3] 公的機関の Twitter の増加状況

からTwitterを利用する時は，情報を発信する際は責任をもって正しいことをつぶやくように，受信する側は嘘などにだまされないように注意をすることを念頭におく必要がある。

3-2 マーケティング活用

マーケティングに活用する例としては，ポッキーのツイートが2013年11月11日のポッキーの日に約370万ツイートされたことが挙げられる。江崎グリコがポッキー＆プリッツの日を提案し，それをどの程度，消費者が話題にしてくれるのか，という広告であり，ある意味においては実験であった。目標は200万ツイートであったと言われることから，370万ツイートがいかに大きな数字であったかが理解できよう。これは，世界記録をたたき出した数字であったのだ。そして11月11日のポッキーの売上も順調で，店頭で多くの消費者がポッキーを購入したのである。つまり，話題づくりが売上に結びついた例と言えよう。Twitterを利用したキャンペーンは消費者に参加意識を抱かせ，そして親近感も抱かせることになる。このようにマーケティングの基本であるプロモーションにも有効な活用ができるのである。

3-3 顧客との関係

次に，Twitterの利用と顧客との関係を考えてみよう。

インターネットを活用するビジネスは，顧客との関係にも変化が生じてくる。従来は，製品やサービスの内容を知っているのは店頭にいる店員であった。スマートフォンを選ぶときにもパソコンなどを選ぶときにも店員が適切なアドバイスをしてくれたのだ。もちろん，購入する品目がIT機器や家電の場合だけではなく，洋服を選ぶときでも同じである。そして，製品の情報源は店員，チラシ，看板，パンフレットなどであった。それが現在では，インターネットで検索できるのである。インターネットのサイトから情報を選択して，各自が整理すれば概要はつかめる。また，詳細を知りたければもっと検索を続ければよい。たとえば，他企業の製品比較も，各社が有しているホームページを見れば簡単にできるのである。製品だけではなく，価格の比較も専用のサイトがあるので簡単にできる。そのため，顧客は自分自身で専門的知識を有し，判断ができるのだ。

顧客はTwitterで得られる情報について，どのようなものを気に留めているのかという調査結果は以下のとおりである[vi]。18歳から29歳は，1位が「日常生活で接点のある人の意見や近況」，2位が「日常生活で接点のない人の意見や近況」，3位が「今起きているイベントの状況」，4位が「今放送されているテレビ番組の情報」となった。30歳以上は，1位が「日常生活で接点のない人の意見や近況」，2位が「最新のニュース」，3位が「企業やブランドの情報」，4位が「商品やサービスの口コミ」となった。このように世代によって得たいと思う情報は異なっているのである。特に，18歳から29歳では1位であった「日常生活で接点のある人の意見や近況」は30歳以上の人々のランキングでは上位に入っていない。このことから，18歳から29歳がTwitterを友人などとのコミュニケーションツールとして利用していることに対して，30歳以上はメディアとして利用していることが推察できる。

この18歳から29歳までは，大学生を含む年代となっている。そこで彼らはコミュニケーションツールとして，あるいは仲間との話題づくりのために利用していると考えられ，そこから社会的な要素を得るということは意図していな

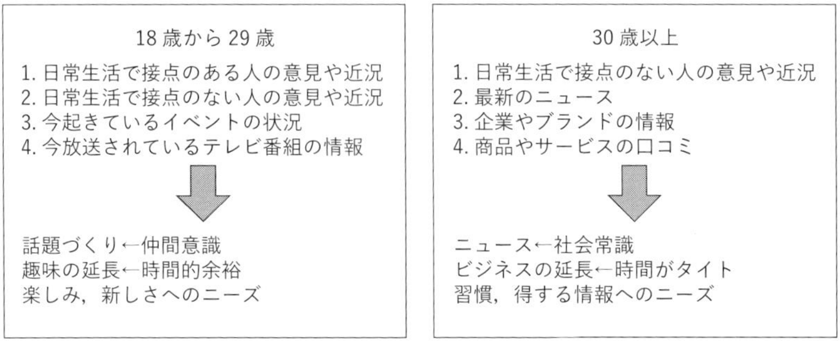

```
┌─────────────────────────────┐  ┌─────────────────────────────┐
│      18歳から29歳            │  │       30歳以上              │
│ 1. 日常生活で接点のある人の   │  │ 1. 日常生活で接点のない人の  │
│    意見や近況                │  │    意見や近況                │
│ 2. 日常生活で接点のない人の   │  │ 2. 最新のニュース            │
│    意見や近況                │  │ 3. 企業やブランドの情報      │
│ 3. 今起きているイベントの状況 │  │ 4. 商品やサービスの口コミ    │
│ 4. 今放送されているテレビ番組 │  │                             │
│    の情報                    │  │                             │
```

```
  話題づくり←仲間意識              ニュース←社会常識
  趣味の延長←時間的余裕            ビジネスの延長←時間がタイト
  楽しみ，新しさへのニーズ          習慣，得する情報へのニーズ
```

出所：筆者作成

[**図13-4**] Twitterで得られる気に留める情報の世代間の比較

いだろう。30歳以上は，従来のテレビニュースやラジオ，あるいはインターネットでのニュースの代替や，きっかけとしての期待を持っていると考えられる。なぜならば，これらはビジネスにも直結しているからである。忙しい社会人と比較的に時間に余裕がある学生たちとの生活時間の差が，Twitterの利用方法に相違を生んだと考えられる。顧客との関係をTwitterに期待するのであれば，一般的には30歳以上をターゲットに考えることができよう。なお，18歳から29歳の世代には，同年代のカリスマ的存在の人にツイートをしてもらう方策が挙げられる。

図13-4に，それぞれの世代別にランキングの裏にある心理についてまとめた。

いずれにしてもTwitterは，140字以下の短文であるために伝えることができる情報が限られている。そのため，テレビ番組の演出とは異なり，ツイートで盛り上がることができる話題とそうではない話題があるのである。もちろん，震災などの大きな話題についてはツイートも多くなり，目にふれる情報としては多くなる。そこから，各自がどのように判断するかは未知数なのである。

i　チアーズというのは「cheer」（応援）という意味から名づけられている。東京都渋谷区に本社をもつフォッグ株式会社という会社が運用している。この会社は，資本金1000万円，代表取締役は関根佑介となっている。事業内容はアプ

ⅰ リケーションの企画・開発・運用である。これらの情報はフォッグ株式会社のホームページを参照した（2017年4月2日）。
ⅱ 片岡信弘・工藤司・石野正彦・五月女健治（2011）『インターネットビジネス概論』共立出版のp.1を引用した。つづきには「金銭的な取引の狭い意味だけではなく，企業や組織の活動全体を指す」と説明がなされている。
ⅲ 上掲書。p.3「図1.2 インターネットビジネスの特徴」を参考にしている。図内に示したとおり，インターネットビジネスはビジネス環境の変化による新たなビジネスモデルを創出し，企業中心の市場から消費者主体の市場への変化を助ける。
ⅳ Creema（http://www.creema.jp/，2018年1月1日現在）。
ⅴ マーケティングの4Pとはマーケティングの基本を示している。製品（Product），価格（Price），販売促進（Promotion），流通（Place）の4つの英語の頭文字をとり4Pとされている。
ⅵ 崎谷実穂（2016）『Twitterカンバセーション・マーケティング―ビジネスを成功に導く"会話"の正体―』日本経済新聞出版社，pp.48-50までを筆者がまとめた。

参考文献

ライズ, A.・ライズ, L. 著・恩蔵直人訳（2001）『インターネット・ブランディング11の法則』東急エージェンシー出版部

池尾恭一・青木幸弘・南知惠子・井上哲浩（2010）『マーケティング』有斐閣

井上哲浩・日本マーケティング・サイエンス学会編（2007）『Webマーケティングの科学―リサーチとネットワーク―』千倉書房

片岡信弘・工藤司・石野正彦・五月女健治（2011）『インターネットビジネス概論』共立出版

崎谷実穂（2016）『Twitterカンバセーション・マーケティング―ビジネスを成功に導く"会話"の正体―』日本経済新聞出版社

長澤大輔（2011）『スタンダードWebリテラシー―ウェブ制作とウェブビジネスの必修知識―』エムディエヌコーポレーション

水鳥川和夫（2000）『日本型インターネットビジネスの探求―8つの成長分野のビジネス・モデル分析―』ケイブン出版

Column. 決済の電子化

　最近は,従来のような現金のみではなく,電子マネーによる電子決済が普及してきている。電子決済とは,スマートフォン,携帯電話,ICカードなどを使い,現金を用いることなく電子的に支払いができるシステムである。海外では地域柄,決済の電子化が進んでいるところもあり,ほとんど現金を持たなくても暮らせるような国もある。

　日本でも,すでにコンビニエンスストアや量販店などでの支払いでクレジットカードを使うことは珍しくない。また,お金をチャージして使う「Suica」「ICOCA」「Edy」など,馴染みのあるカードでの支払いも多くなってきている。

　電子マネーによる決済は,何よりもレジや改札での時間が短縮でき,混雑を回避する効果もある。また,財布が不要なので,極論すれば外出時にスマートフォンとカードだけ持てばほかは何も必要なくなるのである。

　では,日本の電子マネーにはどのような種類があるのか,主に使用されているものを下の表にまとめた。これらのカードは,交通系か商業系か,ポストペイ(後払い)方式かプリペイド(先払い)方式かで分けられている。

　電子決済の場合,電子マネーはポイントサービスも付帯されているものもあるので,使用することによってポイントが貯まるなどといったメリットもある。ただし,気をつけなければならない点として,浪費しやすいことである。現金を目で見ないので,お金を使っているという意識が低くなりがちである。また残金がわからない場合がある。落とした場合や盗難にあった場合の補償がないことやセキュリティの問題もデメリットになる。

　日本では,店頭の端末によっては電子決済ができない店舗もまだあるが,今後,使用できる範囲が広がっていくと考えられる。

	ポストペイ方式	プリペイド方式
交通系	・PiTaPa	・Suica・ICOCA・Kitaca ・SUGOCA・PASMO …など
商業系	・iD・QuickPay	・Edy・nanaco・WAON …など

注：プリペイド方式に挙げたなかにはクレジットと連携することによって決済方法を変更できるものもある。

第14章

ニッチ市場への
アプローチ

第1節 定義と背景

　ニッチという言葉には，もともと「隙間」や「くぼみ」という意味がある。また，狭いというイメージもあるため，一般的にはニッチ市場というとそのターゲットは少数だと思われている。あまり大きな収益が見込めないような規模が小さい市場であり，本業というよりもサイド事業などを想起する人々もいる。あるいは，潜在的なニーズのため，まだ世の中に認知されていないような先進的な市場というイメージもある。

　このように，市場の規模の小さいことから大企業が手を出す範囲ではなく，隙間産業，ニッチャーとも呼ばれている。この市場には，主にベンチャー企業などが進出している。消費者のニーズの発掘を試み，他業種との差別化を図るために，小回りが効く中小企業ならではのサービスを提供している会社もある。また，ニッチな市場を求める場合には顧客になりそうな人の近くに店舗をかまえなければならないため，人口密度が高い都市に多くなる傾向がある。しかし，インターネットの普及にともない，店舗をもたない場合もあり，その時は本社や店舗をどこに置いても同じである。現時点では宅配便の全国普及や電子商取引によって無店舗業態でも消費者のニーズに応えることができるのである。最近はニッチ市場から始まり，ブームになることもある。

第2節 ニッチ市場の具体例
―ハンドメイド市場―

2-1 ハンドメイドブーム

　ハンドメイドとは多くの場合，手づくり品というイメージが強い[i]。ここでは2012年に実施した調査結果と2017年の調査結果とを比較してみよう。

　まず，2012年の当時にハンドメイド品をテーマにした理由は以下の2つであった。第1に，知恩院[ii]（京都市東山区）などで開催されているハンドメイドを販売するイベント（手づくり市）が盛況で，その人気に興味があったこと。第2に，ハンドメイドの商品は価格帯も広くクオリティの幅も広いので，このような商品群の価値観をどのように解釈するのかということに対して関心があったからである。

　長山（2005）は，ハンドメイド商品に対して「この場合の"よい"とは，かならずしも価格が高いなどといった，外部からの評価を意識しての意味を問うものではない」[iii]と著書の中で商品の価値を説明している。ハンドメイド品に興味がある消費者は，長山の論じている「おたく」志向の消費者と商品への価値観が似ていると推察する[iv]。価値観が同じ人々の集団の規模は大きくない。このような小規模の市場にアプローチをして利益を収めるために，ニッチ市場に対する独自の戦略が必要である。

　さて，手づくり市では商品を提供する側は，ものづくりを通じての人との触れ合いを楽しみにしている。手づくり市では，ものづくりをしている側もそれを購入する側もモチベーションが高い。いわばコンサートのライブのように提供側と消費者側が双方に「盛り上がる」イベントなのである。ハンドメイドのようなニッチ市場でのモノの流れと心理を図14-1に示した。

　また，図14-1では，ハンドメイド作品を購入した消費者から製作者への商品評価などの感想や意見の流れも示している。企業などはこれをフィードバックと呼び，消費者からの貴重な情報としてとらえている。購入者は自分が購入したハンドメイドの作品に価値を見出しているため，その商品の満足度は高いはずである。よって，次回以降への作品に対する期待は大きくなり，リピータ

注:図中の⇨は作品の流れを,⇦は情報の流れを示している。
出所:筆者作成

[**図14-1**] ハンドメイドの作品と情報の流れ

ーとして同じ作家が作成した作品を購入する可能性は高くなる。このようにして,購入された作品はやがて,コレクション性を持つようになるのである。

2-2　ハンドメイド市場

　最近では各地で大小の手づくり市が開催されている[v]。たとえば,京都市では知恩院,上賀茂神社[vi],北山のクラフトガーデン「府立陶板名画の庭」(京都市左京区),平安神宮の岡崎公園(京都市左京区),梅小路公園(京都市下京区)で定期的に手づくり市が開催されている。神戸市では湊川公園(神戸市兵庫区)で「手しごと市」として2012年6月23日から毎月第4土曜日に開催されている。湊川神社では2008年2月1日から毎月1日に手作り市が開催されている。このほかにもフリマパーク(神戸市北区)が毎月第1日曜日に開催されている。

　また,このような現場だけではなく,インターネットでの販売ツールもある。たとえば第13章でも少し紹介したCreemaでは,ハンドメイド品が販売されている。Creemaには「作品を探す」「素材を探す」「フードを探す」「キュレーション」「ブログ」というカテゴリーがある。「キュレーション」は「ユーザーがお気に入りの作品を集め披露するショッピングギャラリー」であると説明されている。「作品を探す」のカテゴリーには,アクセサリー・ジュエリー,バッグ・リュック,財布・ケース・小物入れ,iphoneのケース・スマホ・PC,ファッションなどが紹介されている。「素材を探す」のカテゴリーはハンドメイド素材・素材の2つに分けられている。ハンドメイド素材ならば加工さ

れた素材をさらに細分化して，生地，はぎれ，木材・板，ビーズ，天然石などに分けられており，素材では，パール・コットンパール，皮，革，レザー，毛糸，フェルト，羊毛なども示されている。これらは，いずれもカラー写真と値段も掲載されているため，実際にお店やイベントに行かなくてもハンドメイド作品を手に入れることが出来るのである。

第3節 リユース市場
―古着市場―

　リユース市場は中古流通のことを指す。このリユース市場の一部が古着市場である。リユース市場は以前から存在していたが，今や1兆6000億円の市場規模ともいわれている。この市場が最近伸びてきている理由として，宅配買収制度が充実し，わざわざ店頭に行かなくても売買できる便利さがある。またフリマアプリなどを活用してどこからでも売買できる手軽さがある。リユース市場は古本，古道具だけではなく，家電，家具，貴金属，オーディオなどの機材，CD，パソコンなどありとあらゆる製品が対象となる。この中で比較的に多くの消費者が身近に感じる洋服，すなわち古着について詳しく述べる。

　年配の方には，古着というと着物を想起する人が今でも多い。しかし，着物ばかりではなく，むしろ若者が売買する古着は洋服である。しかも，有名ブランドの洋服ばかりではなく，アウトレットにはファストファッションも並んでいるのである。

　古着のイメージは昔であれば，汚れている，きたない，誰が着ていたのかわからない，信用できないというものが多かった。しかし，最近は業者の努力などにより，きたない，汚れているという商品は減っている。なぜなら，クリーニングを徹底したり，在庫管理を適切に行い，商品管理ができているからである。よって，若い人々には，きたないというイメージよりも値段が安いというイメージの方が強い。また，貧乏くさいというイメージもなく，むしろ購入する場合の抵抗も少なくなってきているのが現状である。そして，売買においても，古いものを引き取ってくれるリアルな店舗への出入りに対する違和感や敷居の高さを感じる者も少なくなった。また，インターネットでの売買が比較的に簡単にできるようになったので，誰でも参入できる素地がつくられた。

このような背景によって，リユース市場の規模は成長し，特にベビー・子供用品，ブランド品・衣類・服飾品の増加が大きい。「何でも買い取る」という方針を打ち出しているエコリング（本社：兵庫県姫路市）のように創業15年ほどで飛躍的に売上を伸ばしている会社もこの成長を裏づける一例である。

日本経済新聞電子版（2014年4月22日）によると，「古着や書籍，映像ソフト，家具などリユース（中古）品の販売が注目を集めている。背景にあるのは，リユース品を扱うインターネット販売サイトの伸長と消費増税などによる消費者意識の変化だ。環境負荷を減らすリデュース（削減），リユース（再利用），リサイクル（再生）の「3R」を，使い勝手が高まったネットとリアルの融合が後押ししている」ということである。確かに，もったいないやエコというキーワードで2000年以降，モノを大事にするという意識が消費者の間では広がっていた。前述の日本経済新聞によると，ヤフオクにおいて「2013年10～12月期は前年同期比9.8％増の2001億円。12月末の出店者数も1万6968件と同4％増えた」と報じられている。この数字からはもはやニッチ市場とは言えないかもしれないが，リユース市場は確実にニッチな市場からメジャーな市場へと成長しているのである。

第4節 ニッチを求める消費者心理

4-1 ニッチなモノを求める心理

掘り出し物とは，ある意味ではニッチな市場からの提案になる。誰もが持っているような大量生産されたものであっても，時代とともに数が減ってしまえば掘り出し物となるし，自分自身の感性に合致した物も掘り出し物である。また，本来は高額なものが何らかの理由があって安価になっていても掘り出し物であるだろう。このように掘り出し物は大量にあるわけではなく，その市場も小さい，つまりニッチ市場だと考えられる。そこでここでは掘り出し物に限定をして，どのような選択基準で商品を購入するのを決めるかを女子大学生たち100人を対象に2016年12月に調査を実施した。

ここで質問した30項目それぞれをどの程度，選択基準として重視するのか

[表 14-1] 30 の項目からの回答結果

質問項目	平均値	質問項目	平均値
1）持っていると自慢できる	3.92	2）デザインが好き	3.92
3）形が好き	3.90	4）色が好き	3.80
5）価格が手頃	3.80	6）長持ちする	2.62
7）飽きがこない	3.72	8）センスが良い	3.69
9）素材が好き	3.71	10）原作が好き	2.80
11）上品さがある	2.95	12）大きさが良い	3.44
13）皆が持っている	1.90	14）流行している	2.60
15）お洒落である	3.40	16）軽い	2.80
17）シンプルだ	3.05	18）ゴージャスだ	3.08
19）日常用である	3.08	20）無難である	2.48
21）キャラクター名が有名	2.12	22）売れ筋である	3.00
23）変わっている	2.90	24）個性的である	3.95
25）アクセサリーのように目立つ	2.38	26）高価格である	2.88
27）雑誌に載っている	2.95	28）所持しつづけている	3.70
29）話題の人が持っている	2.60	30）定番である	3.02

出所：辻（2013b）より引用

を5段階尺度で回答してもらった。尺度の意味は，1：まったく思わない，2：やや思わない，3：どちらでもない，4：やや思う，5：つよくそう思う，とした。回答結果は，表14-1に示している。

結果から，掘り出し物の選択基準は，持っていると自慢ができて，自分がその品物のデザインや形や色が気に入っていることが条件となると考えられる。また，価格が手頃で，個性的である物であることがわかった。このように，自分だけが気に入る物を求めることが前提となる市場はニッチにしかならない。価値が多様化している現代において，多くの人々が大量に同じ商品を求めることはないのだと考えられる。

4-2　ニッチなコトを求める心理

ニッチというと狭いというイメージであるが，転じて顧客の1人ひとりに対応するサービスもニッチなコトに含まれる。

現在，食事の材料を個別に自宅に宅配をしてくれるサービスが普及しつつある。また生活協同組合[vii]が実施していた個別配送が最近は，復活している地域もある。これらは，働く人々にとっては便利なサービスである。

　たとえば，食材の個別配送は，夕食などの食材を買い物に行く時間が短縮される。あるいは，買い物に行く必要もないかもしれない。また，野菜などはすでにカットされ，肉や魚類なども下ごしらえされているものもあるので，調理時間も短くて済む。野菜くずなどはすでに処理済みなので出ることもない。よって，ゴミとなるものも少ない。これはゴミ出しのときにも手間が少なくなるのである。また，食材は発泡スチロールを使用した容器で配送されていることもあり，その場合それを何度も使用することができる。このように，手間と時間とゴミまで考えたサービスは消費者には歓迎されるのである。

　以上のような生活協同組合の個別配送は，手間を考えて，やがてグループ購入へと切り替わっていった。グループ購入とは，3人以上で1つの班をつくり，まとめて注文をする購入方法である。この購入方法のメリットは配達手数料が無料になることと，利用金額に応じて「班応援金」がもらえることである。しかし，現在において，家族数が減り，女性が働く割合が増えるにつれて，購入時間と場所が決められているグループ購入という制度が逆に不便になってきたのである。つまり各家庭での事情が異なり，グループ購入よりも，自分の好きな時間に個別に玄関口まで配送してくれる個別配送の方が便利になったのである。また，グループ購入は決められた場所から自宅まで自分で運ばなければならなかった。それに加えて，グループ内では誰が何を買ったかということがお互いに知られてしまう。プライバシーを重んじるのであれば，グループ購入は不向きな面があった。

　食材の配送にしても生活協同組合の個別配送にしても，配送側から見れば手間のかかるサービスである。しかし，これは個人のニーズを満たすサービスであり，割高になったとしても，便利さに魅力を感じる人々がこれらのサービスを利用するのである。高齢化社会においては，買い物難民と呼ばれる人々が，日々の買い物にも苦労をしている。この場合も個別配送は魅力的なサービスであり，今後の高齢化社会にはニーズがある市場となる。

　これらのように誰かが自分のためだけにしてくれるコト（サービス）は，満

足度が高い。満足度が高いとリピート率も高くなるため，マスから個へのサービスを現在の消費者は高く評価する傾向にあるのだ。

第5節 こだわりとニッチ戦略

　先に述べたハンドメイドブームの背景には手づくりへのこだわりがあった。人々は，お気に入りの手づくり作品を今後も購入していくと推察できる。このような，ニッチな市場がブームとなって成長していくことは悪いことではない。ニッチであるからこそ，マス（大衆市場，大量生産に支えられる）市場にはない買い手への伝え方ができるのである。たとえば，口コミなどは狭い範囲の方が浸透率は高くなる傾向がみられる。

　また，今はブームメイキングがしやすい環境となっている。なぜならば，インターネットの普及やサイトの普及，SNSの使用者の増加やTwitter，ブログなどの環境が整っており，誰もが情報の発信者になれるからだ。そして，受信者側も多くの情報の比較が可能なのである。ある消費者たちのこだわりを見つければ，そこからニッチ市場を展開していくことができる可能性は昔よりも高くなったと言えるだろう。ただし，ニッチ市場を見出したとしても，どのようにその市場を成長させていくかという問題は別である。マーケティングを活用して戦略を立てて，顧客を満足させていかなければ，市場が育たないからである。

　こだわりに対しても人それぞれの価値観で成り立つので，そのニーズを追いかけられないと思っているうちは商売にはならない。共通項を探し出し，リピーター率を考えれば，市場として成立していくのである。消費者は，多くのモノに囲まれて過ごしているが，本来の自分自身が有しているこだわりにすべての消費者が気づいているわけではない。その気づかないニーズを引き出す第一歩がニッチ戦略である。ニッチとはいえ，そこに目を向けてもらえれば，成長し，ブームを巻き起こし市場を形成することも可能になってくる。こだわりを見つけた者が，次のブームをつくり出す可能性を秘めているのである。

> 注

i 2011年11月の辻の調査ではハンドメイドという言葉から想起するものは1位：手作り，2位：既製品ではない，3位：オンリーワン，4位：内職，5位：おばさん，6位：趣味，7位：アート，8位：ブランド，9位：職人，10位：貴重品，11位：コレクションとなった。本調査は日本家政学会第65回大会（2013年5月），昭和女子大学において口頭発表した。

ii 知恩院は京都市にある寺院である。詳しくはホームページ（http://www.chion-in.or.jp）を見てほしい。

iii 長山靖生（2005）『おたくの本懐―「集める」ことの叡智と冒険―』ちくま文庫，p.50より引用。このページは第2章「コレクションは主張する」の「顔の見えるコレクション」の節にあたる。

iv 野村総合研究所オタク市場予測チーム（2005）『オタク市場の研究』東洋経済新報社，pp.89-90には「コレクター系」のオタクの特徴が述べられている。「コレクター系の中には，他人が持っていないグッズを集めることに喜びや優越感を感じる者も少なくない」とある。

v 「手作り市」関西で検索すると（http://tezukuriichi.web.fc2.com/kansai/）京都，大阪，奈良，滋賀，兵庫，和歌山，鳥取，福井という順番で地域が表示されている。それぞれの地域別に手作り市の開催場所が表示され，「素人さんが創った手づくりの作品を発表する場，青空個展会場」などという短いコメントがつけられている。このコメントは京都の百万遍（知恩院）のものである。

vi 上賀茂神社については，神社の有するホームページにアクセスや由来が記載されている。詳しくはhttp://www.kamigamojinja.jp/history/index.html#Gosaishinを見てほしい。

vii 生活協同組合は略称を生協，CO-OP（コープ）と呼ぶ。CO-OPとは一般市民が集まって生活レベルの向上を目的に各種事業を行う組合である。日本では，消費者生活協同組合法にもとづいて設立されている。食料品を主に購買事業と共済事業を展開している。

参考文献

青木幸弘（2010）『消費者行動の知識』日経文庫

辻幸恵（2013a）『こだわりと日本人―若者の新生活感：選択基準と購買行動―』白桃書房

辻幸恵（2013b）「ハンドメイド品を購入する消費者の価値観」『経済経営論集』神戸国際大学，第33巻第1号，pp.1-17

東京アートディレクターズクラブ編（2008）『アートディレクションの可能性―ADC大学2007トークセッション―』美術出版社

長山靖生（2005）『おたくの本懐―「集める」ことの叡智と冒険―』ちくま文庫
野村昭（1987）『社会と文化の心理学』北大路書房
野村総合研究所オタク市場予測チーム（2005）『オタク市場の研究』東洋経済新報社
森永卓郎（2005）『萌え経済学』講談社
山崎亮（2011）『コミュニティデザイン―人がつながるしくみをつくる―』学芸出版社

Column. ニッチ市場からの広がり

　ニッチ市場はいつも誰かのこだわりから始まる。たとえば，アニメが好きな青年たちは，当初は「萌える」若者としてニッチな存在であった。しかし，今やアニメはクール・ジャパンとして世界からも認められる程巨大な市場となったのである。また，海外有名ブランドの鞄を中心とした中古品のフェアが各地で開催されたリユースのブームも，手作りの雑貨を中心とした雑貨ブームも，最初は細々とそれにこだわりを持つ人々から始まったのである。
　このようなニッチ市場は同じ価値観，同じ世界観を持つ人々が集い，そこから情報発信されていく。その市場拡大までのプロセスを以下に人々の動きと市場の変化とに分けてまとめた。

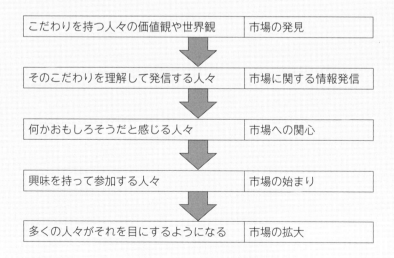

第15章

ソーシャル・マーケティング

第1節 ソーシャル・マーケティングとは

1-1 定義と背景

　近年，ソーシャル・マーケティング（social marketing）という言葉を聞くことが多くなった。このソーシャル・マーケティングとは，社会とのかかわりを重んじながらマーケティングを実践することである。この考え方はすでに1971年にはコトラーによって提唱されている。

　もともとマーケティングは，企業の利益を上げるための工夫であった。1960年代後半からアメリカでは盛んにマーケティングの研究成果を企業が取り入れて，自社の利益を追求したのである。しかし，現在は利益だけが上がればよいのではなく，社会そのものにも貢献できるための工夫をより強く求められているのである。いわば，マネジリアル・マーケティングからソーシャル・マーケティングへの転換を求められていると言えるだろう。また，先進国においては，製品の品質向上は技術によって支えられてきた。今や多くの製品の品質は保証され，クオリティも高く，プロモーションも様々な媒体を通じて行える環境が整っている。そのような環境の中で，社会にどのように利益を還元するのか，そして多くの人々とともに会社が発展していくためには何が必要かを考える時期になってきているのである。

なお，コトラーとナンシー・リー（Nancy Lee）はソーシャル・マーケティングは，「公衆衛生・治安・環境・公共福祉の改善を求めて，企業あるいはNPOが行動改革キャンペーンを企画，あるいは実行するための手段である」と定義している（Kotler & Lee, 2005；邦訳2007）。もちろん，ソーシャル・マーケティングのとらえ方は多様であるので，コトラーの考え方以外にも定義が存在している。たとえば，ウィリアム・レイザー（William Lazar）はコトラーよりも狭義に考え，従来のマーケティングの利益追求を反省し，評価判定基準に社会的利益や価値をおこうとする考え方を示している（コトラー＆アンドリーセン著，井関監訳，1991）。いずれにしてもソーシャル・マーケティングは，従来の営利事業組織である企業の利益追求中心のマーケティングに対して，社会とのかかわりを重視している。また，従来の企業だけではなく，非営利組織，政府，博物館というような組織にも応用あるいは拡張していくものである。

1-2　従来の考え方からの変化

　ところで，従来のマーケティングの根幹をなす4P（価格，製品，政策，物流）に欠けていた概念は，社会的責任や社会的倫理の分野であった。そこに重点をおいた新しいマーケティングとして，ソーシャル・マーケティングが着目されてきているのだ。また，エコロジカル・マーケティングも，第1章にて述べたグリーン・マーケティングもソーシャル・マーケティングの例と言えるだろう。もともとアメリカでは，公民権運動やコンシューマリズムが背景となって，ソーシャル・マーケティングが生まれてきたと言われている。つまり，大企業に対する消費者の不満などからスタートし，やがて，企業は社会的な責任を果たすべきだという考え方に変化していったのである。このようなコンシューマリズムは，日本では消費者主義と訳されている。消費者運動や消費者保護運動とも関係が深い。技術革新や経済成長の過程において，企業の中には欠陥商品の販売や誇大広告など，消費者の信頼を裏切るような方法で売上を上げる企業が存在したのは事実である。そのような消費者をないがしろにする企業に対して，消費者は欠陥商品の告発や不買運動を開始した。そして，商品の安全性を義務づけることを企業に要求し，さらには企業として社会にどのように利

益を還元するのかということを問うようになったのである。

第2節 マーケティングの定義の変化と新しい商品価値

2-1 マーケティングの定義の変化

　基礎編でもすでに述べたが，マーケティングの定義は時代とともに変わる。マーケティングの定義が変化するということは，市場を中心に企業と消費者の双方のかかわり方が変化するということである。従来は，企業から消費者へのアプローチは製品を中心に考えられていた。今では，その製品の良さや企業自身の姿勢の伝達というコミュニケーションを重視している。お互いに価値を認める製品やサービスを共有したいと考えているのである。よって，今のマーケティングに求められることは，単なる品質の良い製品を企業が消費者に提供することだけではないと考えられ，企業も利益を追求するだけではなく，その利益をどのように社会に還元するかということを示さなければならないのである。つまり，社会環境を改善するような取り組みや，消費者に寄り添うような取り組みを期待されるのである。これらの関係を図15-1に整理した。

　もっとも重要なことは，企業と消費者の間に位置する「情報」を双方が正確に理解できる環境を確保することである。そのためには，企業は消費者にとって親しみやすく，わかりやすい言葉で説明する必要がある。あるいは，映像を

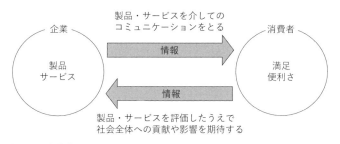

出所：筆者作成

[**図15-1**] 社会の中での企業の役割と消費者の意識

使用して理解を助けることもできるだろう。

　一方，消費者も企業に対して情報を発信する場合，たとえそれがクレームであったとしても正しい手段で企業に伝えるべきである。双方のコミュニケーションの流れがよくなれば，企業からの製品やサービスが向上し，消費者の生活も向上する。そしてそれが，便利さを生み，消費者の満足にもつながるのである。図15-1に示した矢印は情報を介した製品・サービスと満足・便利さの流れを示している。

2-2　新しい商品価値を有する商品の例：フェアトレード商品

　品質が良いだけ，あるいは単純に価格が安いだけでは消費者は満足できない。そこに新しい価値を見出したときに消費者は満足するのである。ここではフェアトレード商品を例示する。フェアトレードとは，直訳すれば「公平な貿易」となる。貿易は，2国間で行うものを基本としてきた時代から，今や世界中がつながるグローバルな市場となっている。この場合，経済力のある国々と，そうではない国々の間には格差が生じ，経済力のない国々の特に弱い立場にある人々が貧困にあえぐという。そこで格差を少しでも解消し，弱い立場の人々がさらに貧しくならないために，もうひとつの貿易と呼ばれる運動が始まった。これがフェアトレードである。現在，活躍するフェアトレード団体は4つある。それらはFairtrade International, EFTA (European Fair Trade Association), WFTO (World Fair Trade Organization), NEWS! (Network of European Worldshops) であると言われている。これらの4つの団体が，2001年に共同して作成したフェアトレードの定義は「フェアートレードは，対話，透明性，敬意を基盤とし，より公平な条件下で国際貿易を行うことを目指す貿易パートナーシップである。特に「南」の弱い立場にある生産者や労働者に対し，より良い貿易条件を提供し，かつ彼らの権利を守ることにより，フェアトレードは持続可能な発展に貢献する」である[ii]。ここでいう「南」の弱い立場にある生産者とは，まだあまり経済が発展していない地球の南側に位置する国々のことである。

　フェアトレードの起源は，1946年にアメリカで「テン・サウザンド・ヴィレッジ」という市民団体が経済的支援として，刺繍製品を輸入し，それを市場

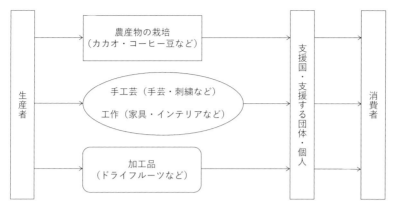

注：公平な条件下で取り引きするために，フェアトレード商品の流通には，そのための専門の団体が携わる。

出所：筆者作成

[図15-2] フェアトレード商品とその流れ

よりも高い値段で支援者たちに販売したことだと言われている。1960年代になると，イギリス，オランダなどに，キリスト教を母体とするNPOが活動を始めた。いずれにしても起源には人道的な支援活動があった。このような中で，従来とは異なる新しい価値を商品に求めることが行われた。それがフェアトレード商品である。フェアトレード商品には主に手工芸，工作を中心とした分野，農産物の栽培の分野，そして加工品の分野が存在する。手工芸の中には洋服，雑貨，アクセサリーが含まれる。図15-2にフェアトレード商品の種類とその流れを示した。

また，農産物栽培の代表としてコーヒー豆が挙げられる。1970年代から1980年代にかけて，フェアトレード商品としてコーヒー豆を扱う団体が，現地での技術支援にも乗り出したからである。資金だけではなく，現地に技術を伝授し，そこから教育への支援にも広がった。しかし，もともとのフェアトレード商品である手工芸品から農産物への広がりはしたものの，支援者に対して教会やバザーでの販売しか方法がなく，販路獲得が困難であった。そのため，多くの消費者への認知がなされなかった。このような状況の中で1988年に，オランダのNGOであるソリダリダードがメキシコのコーヒー生産者組合と世

界で初めてのフェアトレード・ラベルを生み出したのである。ラベルを作成することによって，基準が明確になり，フェアトレード商品とほかの商品との差別化も図れるようになった。つまり，フェアトレードの基準を遵守した製品にのみラベルを貼るのである。さて，この翌年の1989年に世界的にコーヒー価格は暴落した。原因は，国際コーヒー協定の輸出割当制度が事実上，崩壊したことによる。このことは全世界のコーヒー生産者に大打撃を与えたがこのような背景の中でも，フェアトレード・ラベルを貼ったコーヒーは順調に伸びていき，市場にも受け入れられるようになった。フェアトレードのコーヒー生産者はフェアトレード基準により生産コストをまかない，かつ経済的・社会的・環境的に持続可能な生活を支える「フェアトレード最低価格」などもあったため，打撃を受けることが少なかったのである。なお，フェアトレード・ラベル運動の日本への導入は1993年と言われている。

　ようするに，フェアトレード商品は，公平な貿易を目指す商品である。フェアトレード商品を扱う企業には支援と公平さという想いがある。また，その姿勢に賛同をする消費者がいる。この背景の理解がその商品価値を認めさせる力となる。よって，フェアトレード商品は付加価値とはまた別の意味での価値を持つ商品と言えよう。

第3節　エシカル・マーケティング

3-1　エシカルの定義と背景

　エシカルという言葉もフェアトレードと同様に最近は聞いたことがある言葉に入るであろう。エシカルとは「倫理的な，道徳上」のという意味であり，よく似た言葉にモラルがある。つまり，「道徳的な基準にかなっている，道徳的に正しい」ということになる。日本ではどちらかというと，環境や社会に配慮している商品やサービス，あるいはもっと広い意味で環境までを含むといったイメージがある。社会への配慮だけではなく，企業として社会貢献や社会問題に取り組み，ひいては社会責任を担っているというイメージである。イギリスには，エシカルコンシューマーと呼ばれる人々がいる。この人々の購買基準

は，エシカル商品か否かである。もともと，エシカルの考え方の始まりはイギリスとも言われている。それは，1989年にマンチェスター大学で学生たちがエシカル専門誌を創刊したからだ。今では学生たちだけではなく，広く多くの層にこの考え方が浸透し，エシカルコンシューマーの数も増えている。彼らは購買基準に合わない，いわゆる倫理的ではない商品を買わないだけではなく，そのような商品を提供する企業に対して抗議をし，その企業の商品について不買運動を行うのである。具体的には環境汚染，環境破壊，動物虐待，動物実験，労働者の人権問題まで含んでいる。最近は遺伝子工学も含め，倫理的あるいは道徳的か否かを問題視している。

3-2　エシカル商品の具体例

　定義だけを見ると，エシカルは生真面目そうで，倫理や道徳というと商品も限定されそうなイメージであるが，実際は堅苦しいものではない。2004年にはパリでエシカルのファッションショーが開かれ，現在も多くの国からデザイナーたちが参加しており，そこで新作のコレクションを発表している。このファッションショーでは，素材に皮革や毛皮は使用されていない。エシカル商品は，第2節で紹介したフェアトレード商品と同じ企業が販売することが多い。たとえばピープルツリーという会社はインド，ネパール，ケニアなどの生産者と連携し，商圏を伸ばしている。この会社の年商は，15年で20倍になった[iii]。これらの商品開発や現地への支援は，エシカル運動を理解し推進しようとする人々によって支えられている。そのため，エシカル商品のプロモーションにおいては，マーケティングの手法を応用することに注意を要するのである。エシカル商品あるいはエシカルの考え方そのものを，いかに正しく人々に伝えることができるのかという問題はまさに，マーケティングの基本であるプロモーションの活用にある。日本においては，2007年以降におしゃれなエコバッグとしてエシカル商品が登場した。その頃には，レジ袋の有料化が進みつつあったので，消費者にとってマイバッグやエコバッグには関心があったのである。よって，女性の方が男性よりも先にエシカル商品を知ったことになる。しかし，日本における認知度はフェアトレードと同様に高いとは言えない。その多くは，ボランティア団体や支援団体などが発信する社会的な倫理観や道徳観に沿

った商品を啓蒙している状態である。

第4節　ソーシャル・ネットワーキングの活用

　インターネットの普及によりビジネスモデルが変化したことは，本書で述べてきた様々な事例から理解できよう。そこで，今後はインターネットがいかにソーシャル（社会）と個人を結ぶかについて考えてみよう。Twitterにおけるツイートは，個人のつぶやきであることは第13章で説明したとおりであるが，これは速報性には優れている。今や新聞記者でなくとも目の前で起こったことをつぶやき，あるいは写真を撮りその画像をTwitterなどのSNSに投稿し発信することができる。この場合，個人的な意見はともかく，映像など事実を証明する部分に人々は目をとめるのである。無数の目が張り巡らされている社会の中で，社会的な話題性のあるものが個人から発信されていき，場所という地縁を飛び越えて，誰とでも，いつでもつながる社会は，個人と社会との結びつきを新たに構築し，そこに新しいビジネスが生まれる可能性がある。

　たとえば，無印良品では消費者から自社のネットサイト「くらしの良品研究所」に積極的に参加してもらい，そこで商品企画を進めている。サイトへの書き込みを中心にテーマを設定し，それを開発プロジェクトへと進展させていくのである。この消費者とのコミュニケーションによって消費者目線を取り入れ，消費者ニーズをつかんだ商品開発が可能になる。また，ファミリーマートでもTwitterでおにぎりのアイデアを広く募集し，「みんなで作るおむすび選手権」と名づけたプロジェクトを実施した。投稿されたアイデアを取り入れた商品をつくることによって，話題性と消費者のニーズに合致した商品が提供できるのである。すでに2013年には第4回の選手権が開催され，そこでのアイデアが商品化されている。さらに，花王が「12週間健康チャレンジ」を2016年の秋に実施したが，これはSNSを利用して消費者同士が励まし合いながら各自の目標を達成するというソーシャルメディアを駆使したキャンペーンであった。対象商品であったヘルシア緑茶だけでは話題になりづらいが，このように多くの消費者を巻き込んだキャンペーンは効果が大きい。今やソーシャル・ネットを使用して消費者に参加させる手法は新しい戦略として定着しつつある

のである。

i 野村尚克・中島佳織・デルフィス・エシカル・プロジェクト（2014）『ソーシャル・プロダクト・マーケティング―社会に良い。信頼されるブランドをつくる3つの方法―』産業能率大学出版部の，p.3,「図表1-1 マーケティングの定義の移り変わり」を参考にした。

ii 上掲書のp.77を引用した。同じページにはこの定義が現在において最も認知されていると記されている。

iii 上掲書のp.134を参考とした。

参考文献

日経ビジネス・日経デジタルマーケティング編（2011）『ソーシャル・ネット経済圏』日経BP社

野村尚克・中島佳織・デルフィス・エシカル・プロジェクト（2014）『ソーシャル・プロダクト・マーケティング―社会に良い。信頼されるブランドをつくる3つの方法―』産業能率大学出版部

コトラー, F.・アンドリーセン, A.R. 著，井関利明監訳（1991）『非営利組織のマーケティング戦略』第一法規出版

Kotler, P. & Lee, N. (2005) *Corporate Social Responsibility*, Wiley. 恩蔵直人監訳（2007）『社会的責任のマーケティング―「事実の成功」と「CRS」を両立する―』東洋経済新報社

Column. フェアトレード

フェアトレードという言葉を日本人の約25％は知っているという研究論文がある。しかし，関西圏で大学生を中心に調査した結果，約18.5％しか認知されていなかった。地域や年齢や身分（学生）の差によるものかもしれないが，認知されているとは言いがたい結果となった。

フェアトレードはボランティアではない。本文でも述べたが，まだ経済が発展していないような国の弱い立場における生産者のために公正な貿易を目指している。よって，利益を生産者に還元しなければならないため，そこではマーケティングの手法を活用することが大いに役立つのである。たとえば，現地の生産者に日本人が好む製品の特徴を伝え，その意見を反映した製品をつくってもらうことが必要になってくる。つまり，販売先の消費者像を明確にすることによって，より購買チャンスを増やすのである。

フェアトレードそのものはマーケティングではない。しかし，そこに売る工夫を加え，より良く売れる道筋をつけていくことができればソーシャル・マーケティングの仲間入りができるのだ。先にも言ったとおり，フェアトレードは慈善活動ではなく，そこには適正な利益が必要である。生産者の暮らしを向上させるために適正な賃金を支払う必要がある。また，生産者の子弟たちには教育も必要である。

そのため，「売れる」製品を生産し，ロスを少なくし，販売経路を増やすことがフェアトレードにおける大事な課題となるだろう。

【執筆者紹介】

滋野　英憲（しげの・ひでのり）……………………………………………… 第1〜8章担当
神戸国際大学経済学部　教授
博士（応用情報科学）兵庫県立大学
著書　『現代マーケティングその基礎と展開』ナカニシヤ出版，2009年（共著）
　　　『地域産業とマーケティング』九州学術出版振興センター，2010年（共著）
　　　『まちづくりDIY』学芸出版，2014年（共著）

辻　　幸恵（つじ・ゆきえ）…………………………………… 第9〜11章，第13〜15章担当
神戸学院大学経営学部　教授
博士（家政学）武庫川女子大学
著書　『京都とブランド―京ブランドの解明・学生の視点―』白桃書房，2008年
　　　『こだわりと日本人―若者の新生活感：選択基準と購買行動―』白桃書房，2013年
　　　『リサーチ・ビジョン―マーケティング・リサーチの実際―』白桃書房，2016年
　　　『持続可能な社会のマーケティング』嵯峨野書院，2020年

松田　　優（まつだ・まさる）………………………………………………………… 第12章担当
神戸国際大学経済学部　客員教授
株式会社アトリエミック　代表取締役社長，西宮市プレラホール　館長
主な活動　オペラなど多くの舞台衣裳デザイナーとして活躍し様々な賞を受賞する一方で，地域イベントやコンサートなどの企画，広報，運営，実施にたずさわる。これらの経験を活かし，神戸国際大学経済学部で地域デザイン，産官学，地域連携等，実践的な力を育むため，学生参加型のアクティブラーニングに力を入れ，専門分野に優れた人材の輩出を目指している。

◆マーケティング講義ノート

◆発行日――2018年5月16日　初　版　発　行　　〈検印省略〉
　　　　　2022年4月6日　初　版第4刷発行

◆著　者――滋野英憲・辻　幸恵・松田　優

◆発行者――大矢栄一郎

◆発行所――株式会社　白桃書房
　　　　　〒101-0021　東京都千代田区外神田5-1-15
　　　　　☎03-3836-4781　📠03-3836-9370　振替00100-4-20192
　　　　　https://www.hakutou.co.jp/

◆印刷/製本――藤原印刷

Ⓒ SHIGENO, Hidenori, TSUJI, Yukie & MATSUDA, Masaru 2018
Printed in Japan　ISBN978-4-561-65227-4　C3063

本書のコピー，スキャン，デジタル化等の無断複製は著作権上での例外を除き禁じられています。本書を代行業者等の第三者に依頼してスキャンやデジタル化することは，たとえ個人や家庭内の利用であっても著作権上認められておりません。

JCOPY〈出版者著作権管理機構　委託出版物〉
本書の無断複写は著作権法上での例外を除き禁じられています。複写される場合は，そのつど事前に，出版者著作権管理機構（電話 03-5244-5088，FAX 03-5244-5089，e-mail: info@jcopy.or.jp）の許諾を得てください。

落丁本・乱丁本はおとりかえいたします。

好 評 書

流行と日本人
―若者の購買行動とファッション・マーケティング―
辻　幸恵著

新しい社会への移行期間として現在をとらえると，今この時期現在の流行の真髄を探ることは重要である。本書は，日本の若者が心を奪われるモノを数値によって示し，いろいろな角度から「流行」を解明する。　　　　　　　　　　　　本体価格2200円

流行とブランド
―男子大学生の流行分析とブランド視点―
辻　幸恵・田中健一著

「消費者はどこに向かっているのだろうか。流行を求めているのだろうか。」このような問題意識から男子大学生を対象に実証研究を試み，流行とブランドの関係を明らかにする。企業の商品開発にも新しい視点を提供。　　　　　　　　　　　本体価格2200円

アート・マーケティング
辻　幸恵・梅村修著

アートはその立ち位置を，美術館からマーケットへ自覚的に移し始めている。一方，マーケットはアートを取り込み消費することに熱心だ。アートとマーケティングが歩み寄り出会ったところに拓かれた次世代の局面を読み解く。　　　　　　本体価格2800円

マネジメント講義ノート［増補版］
山本浩二・上野山達哉編著　大阪府立大学マネジメント研究会著

現在社会で活躍するために必要不可欠なマネジメント論。それは広範囲な領域を含み，複合的に結び合っている。本書は，17の各章がコンパクトに纏められ，学生や新社会人が理解しやすい工夫がなされている。　　　　　　　　　　　　　本体価格3000円

白桃書房

本広告の価格は税抜き価格です。別途消費税がかかります。